KB261169

한국어 발표의 모든 것

한국어 발표의 모든 것

초판 인쇄 2025년 7월 14일
초판 발행 2025년 7월 21일

지은이 박미경, 권정민
펴낸이 박찬익

책임편집 권효진 | **편집** 이수빈 | **일러스트** 석영예
펴낸곳 ㈜박이정 | **주소** 경기도 하남시 조정대로45 미사센텀비즈 8층 F827호
전화 031)792-1195 | **팩스** 02)928-4683 | **홈페이지** www.pijbook.com
이메일 pijbook@naver.com | **등록** 2014년 8월 22일 제2020-000029호
ISBN 979-11-7497-000-8(13710)

책값 20,000원

이 책은 저작권법에 따라 보호받는 저작물이므로 무단 전재와 무단 복제를 금합니다.

한국어 발표
완벽대비

ALL ABOUT
KOREAN PRESENTATION

한국어 발표의 모든 것

중급

박미경 · 권정민 지음

TOPIK
SPEAKING
대비

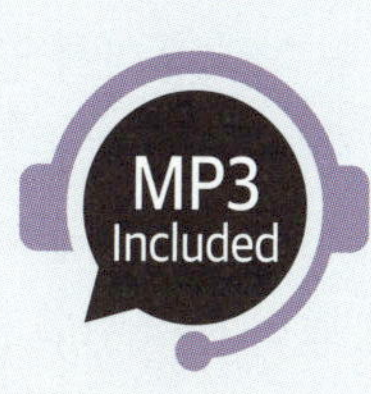

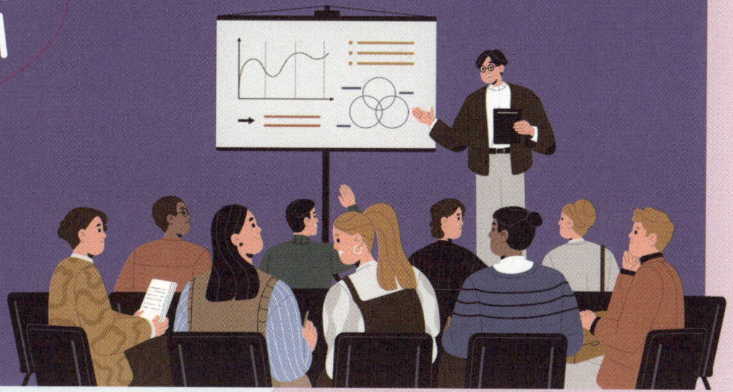

MP3
Included

박이정

날마다 새로운 기술이 나오는 AI 시대가 되면서 한국어 교육에도 많은 변화가 일어나고 있습니다. 한국어 선생님들은 교육 현장에서 AI를 활용하고 있고 학습자들도 AI 기반의 다양한 학습 도구들을 사용하고 있습니다. 어느 것이 더 좋은지, 어떤 방법이 더 효과적인지 개인마다 다르겠지만 많은 도움이 되고 있는 것도 사실입니다.

그렇다면 교육 현장에서 더 좋은 연습 방법을 찾으려는 선생님들과 학습자들의 노력은 무의미한 것일까요? 선생님들과 학생들이 만나서 공부하는 한국어 교실은 가치가 없는 것일까요? 그렇지 않다고 생각합니다. 특히 발표 분야는 자신의 말을 들어주고 반응해 주는 청중들이 필요하기 때문에 그때, 그곳의 분위기가 중요합니다. 발표 불안이 있는 학생들도 현장에서 발표할 수 있는 기회가 많아지면 자신감을 가질 수 있을 것입니다. 발표는 말뿐만 아니라 생각을 나누고 감정을 전하는 기술이 필요하기 때문에 AI 시대에도 그 가치를 잃지 않을 거라고 생각합니다.

이 책은 한국어로 발표해야 하는 외국인 학습자를 위한 책입니다. 우리는 혼자 발표 준비를 하기 힘든 외국인 친구들, 그리고 발표 준비를 어떻게 지도해야 할지 더 자세하게 알고 싶은 선생님들을 위해 이 책을 기획하게 되었습니다. 발표를 잘하기 위해서는 자신의 이야기를 많은 사람들에게 효과적으로 전달할 수 있는 전략과 연습이 필요합니다. 이 책에서는 말하기 전략, 단계별 연습 방법을 구체적으로 제시하고 있습니다. 또한 이 연습을 통해 발표는 물론 TOPIK SPEAKING, 토론 등 말하기 전반에 필요한 능력을 기를 수 있도록 했습니다.

이 책은 크게 세 부분으로 구성되어 있습니다. 먼저 발표의 기본을 갖추기 위해 꼭 알아야 할 내용들을 예시와 함께 자세하게 알려 줍니다. 다음으로 학교, 회사에서의 발표는 물론, TOPIK SPEAKING 시험에도 도움이 되는 주제들로 실제 발표 준비를 합니다. 여기에는 학습자가 쉽게 해 볼 수 있는 말하기 연습 방법이 제시되어 있습니다. 마지막에 부록으로 발표용 PPT 만드는 방법과 발표 평가 기준표를 제공하고 있습니다.

이 책은 다른 발표용 책들과 달리, 연습 방법에 세 가지 특징이 있습니다. 첫째, 말하기 연습에 흥미를 줄 수 있는 방법들을 제시합니다. 자칫 지루해 줄 수 있는 발표 연습을 학습자 주도로 진행할 수 있어서 능동적인 참여가 가능합니다. 또한 이 연습은 단순한 흥미 위주가 아니라 한국어의 구조를 이해하고 오류를 줄이는 방향으로 설계되어 있습니다. 각자 상황에 맞게 잘 활용한다면 자신도 모르게 한국어 말하기가 쉬워질 것입니다. 둘째, 연습 방법이 난이도와 목적에 따라 단계별로 제시되어 있습니다. 자신의 수준에 맞는 방법을 선택할 수 있습니다. 그리고 어휘 연습, 조사 연습, 문장 만들기, 문장 수준 높이기 중에서 학습자에게 필요한 부분만 연습할 수도 있습니다. 혼자 할 수도 있고 친구와 같이 게임처럼 할 수도 있습니다. 다양한 방식의 연습이 가능합니다. 셋째, 충분한 예시문을 제공해 혼자 연습해야 하는 학습자들의 길잡이가 될 수 있도록 했습니다. 발표 준비가 어려울 때는 예시 발표문을 그대로 따라 하면서 발표 감각을 익힐 수 있을 것입니다. 또한 발표 준비를 어떻게 해야 하는지, 중요한 게 무엇인지 예시 이미지를 통해 쉽게 이해할 수 있도록 했습니다. 그리고 '짧은 발표 연습(Mini Presentation)'에서는 발표 부담을 줄이고 편안하게 실전 연습을 해 볼 수 있습니다. 처음부터 끝까지 학습자의 눈높이에 맞추고 실제로 활용 가능한 연습이 될 수 있도록 준비했습니다.

연습이 즐거우면 발표도 즐겁게 할 수 있다는 생각에서 <한국어 발표의 모든 것>을 시작했습니다. 머릿속에 책에 대한 큰 그림이 있었지만 시간이 지나면서 조금씩 달라지는 것도 있었고 예상하지 못했던 벽을 만날 때도 있었습니다. 그럴 때마다 외국인 학습자 입장에서 필요한 게 뭔지 생각했습니다. 최선을 다했고, 이 정도면 발표를 위한 기본기를 다질 수 있고 혼자 또는 같이 연습할 수 있겠다는 마음으로 책을 마무리했습니다. 그럼에도 불구하고 이 책을 보는 학습자들이나 선생님들은 부족한 부분이 눈에 띌 수도 있습니다. 그럴 때는 여러분의 빛나는 아이디어로 부족한 부분을 채워주시고, 책 속에 있는 연습 방법들도 조금씩 변형해서 활용해 보시라고 말씀드리고 싶습니다.

이번 책으로 '모든 것' 시리즈가 말하기 영역으로 나아가기 위한 발걸음을 시작했습니다. 앞으로 많은 학습자들의 말하기 능력 향상을 위한 디딤돌이 되리라 믿습니다. 항상 지지와 응원을 보내 주시는 한국어 선생님들과 재미있게 공부하는 한국어 학습자들에게 무한한 감사의 마음을 전합니다. 이번에도 처음부터 끝까지 저자들을 배려하고 좋은 책을 만들기 위해 최선을 다해 주신 박이정 출판사 모든 분들께 감사드립니다.

다음에는 더 좋은 책으로 만날 수 있기를 고대해 봅니다.

저자를 대표하여 **박미경** 씀

✔ 이 책은 한국어 발표를 준비하고 연습하기 위한 책입니다. 따라서 발표 준비에 필요한 기본적인 내용들은 물론, 발표문의 구성과 표현, 말하기 연습 방법들을 구체적으로 제시하고 있습니다.

· 먼저 '발표를 위한 준비' 부분은 다음과 같이 구성되어 있습니다.

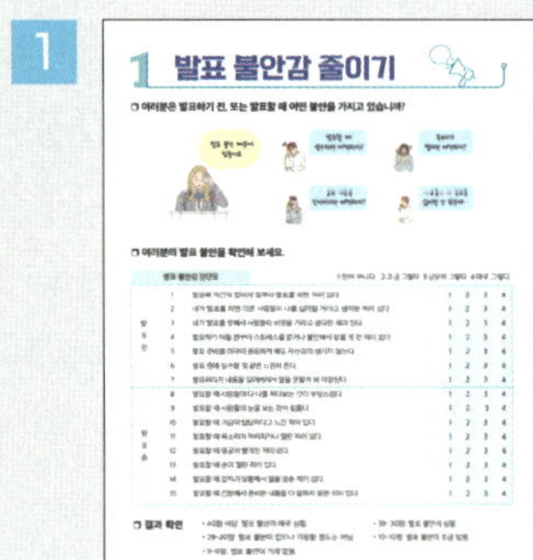

말하기 불안에 대한 진단표와 불안감을 줄일 수 있는 다양한 방법들을 제시하고 있습니다. 심리적 안정감을 줄 수 있는 '메모 카드' 만드는 방법과 활용법을 알려 줍니다. 또한 시선 처리, 목소리 떨림 등에 대한 대처 방안도 자세하게 설명하고 있습니다.

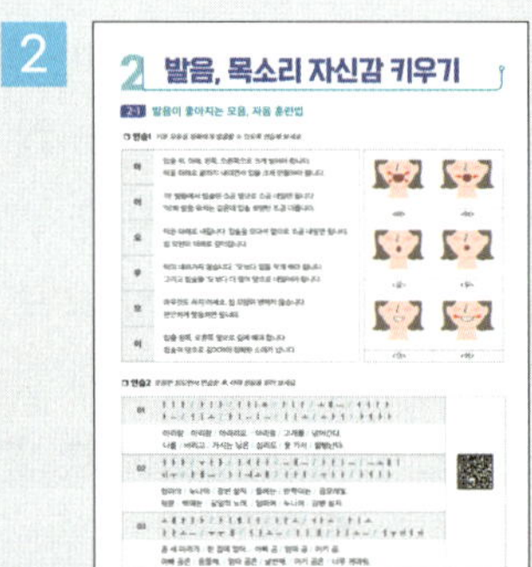

발음과 억양을 집중적으로 연습할 수 있도록 구성되어 있습니다. 기본적인 한국어 모음과 자음은 물론, 자연스러운 억양을 위한 연습 방법들이 제시되어 있습니다. 또한 발음기관(혀, 입술, 턱 등)에 대한 운동 방법, 복식 호흡하는 방법도 확인할 수 있습니다.

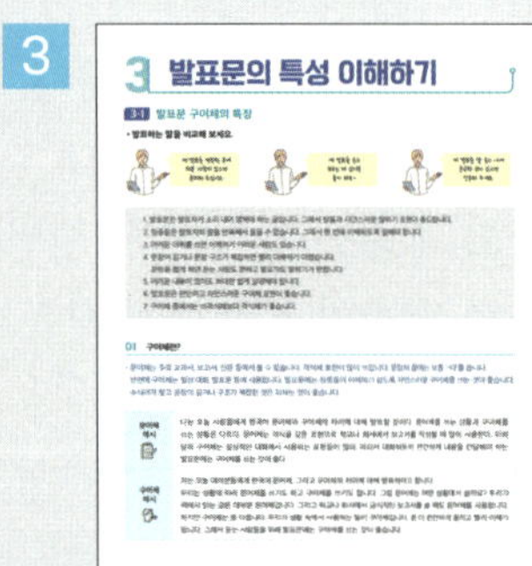

발표문은 문어체가 아니라 구어체가 중심이 되어야 합니다. 예시를 통해 발표문 구어체의 특성을 이해하고 발표문 쓰기에 필요한 방법들을 익힐 수 있도록 구성되어 있습니다. 특히, 도입과 마무리, 내용 전개를 어떻게 해야 하는지 다양한 예시들을 보면서 연습할 수 있습니다. 발표할 때 알아 두면 좋은 표현 목록도 제시되어 있습니다.

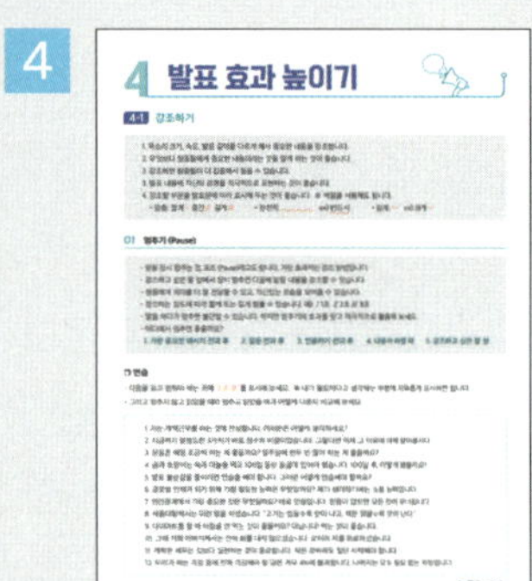

발표할 때 강조하고 싶은 내용을 어떤 방식으로 전달해야 하는지 자세한 정보와 예시들을 제공하고 있습니다. 멈추기, 천천히 말하기, 길게 말하기, 제스처 활용하기 등에 대한 자세한 설명과 이미지가 이해에 도움을 줍니다. 바른 자세와 나의 발표 속도도 확인해 볼 수 있습니다.

✔ 이 책은 각 주제별로 발표 내용을 구성했습니다. 발표 주제는 모두 6개 항목으로 분류하고 그 아래 소주제를 두었습니다. 첫 번째는 가장 기본이 되는 '설명을 위한 발표'가 있고 두 번째는 찬반 의견이나 문제 해결 방법을 제시하는 '주장을 위한 발표'가 있습니다. 이어서 세 번째는 '제안과 건의를 위한 발표'가 있고 네 번째는 이야기를 재미있게 구성해서 발표하는 '스토리텔링을 위한 발표'가 있습니다. 마지막으로 자신에 관한 이야기를 들려주는 '나를 위한 발표'가 있습니다.

• 각 주제별로 다양한 연습 방법이 제시되어 있는데 활용하는 방법은 다음과 같습니다.

발표문을 어떻게 구성하는지 먼저 예시문으로 보여 줍니다. 전체적인 내용 구성과 표현에 주의하면서 QR코드를 통해 여러 번 들어볼 수 있도록 했습니다. 그런 다음에 천천히, 빨리 읽어 보도록 안내하고 있습니다. 읽었을 때 걸리는 시간을 기록하면서 자신의 속도를 확인해 볼 수 있습니다.

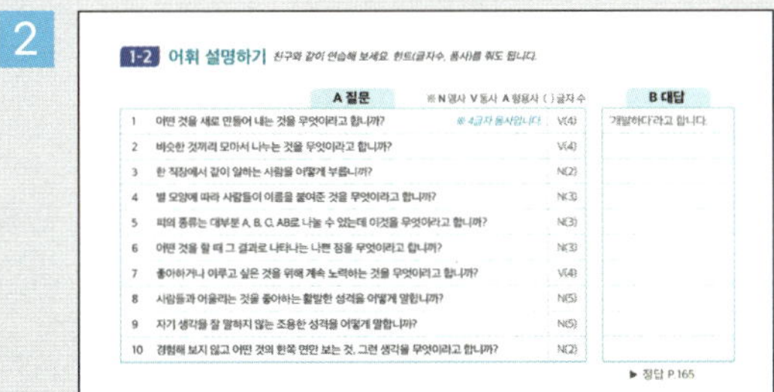

예시문으로 충분히 연습한 후에는 어휘 공부를 합니다. 혼자 연습할 때는 질문을 직접 읽고 대답하는 방식으로 연습하고 친구와 같이 할 때는 한 사람이 질문을, 한 사람이 대답하는 방식으로 연습하면 됩니다. 문제가 어렵다고 느끼면 힌트를 줄 수도 있습니다.

예시문에 있는 어휘를 활용해서 말하기 연습을 할 수 있습니다. 제시된 어휘를 이용해서 문장을 만들어 보는 활동입니다. 이 연습 역시 혼자 할 수도 있고 두 사람 이상이 할 수도 있습니다. 더 이상 생각나지 않을 때까지 최대한 많은 문장을 만들어 보는 것이 중요합니다.

4

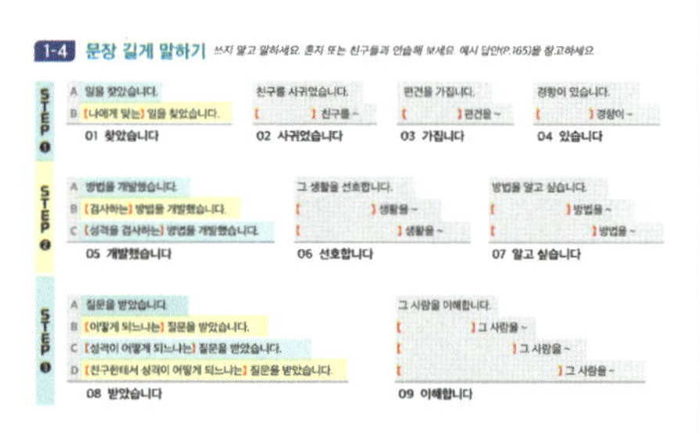

이 연습은 기본 문장을 확장해서 더 긴 문장을 만들어 보는 것입니다. 모두 세 단계로 이루어져 있는데 갈수록 문장이 더 길어지도록 만들어야 합니다. 하지만 학습자 수준에 맞는 단계까지 하면 됩니다. 이 연습을 통해 한국어 문장을 더 풍부하게 만들 수 있습니다.

5

한국어가 유창하지 못한 학습자들에게는 문장 유형을 익히는 것이 도움이 됩니다. 이 연습의 목적은 문장 유형에 맞는 문장을 많이 만들어서 활용할 수 있도록 하는 것입니다. 제시되어 있는 유형은 발표할 때 많이 사용하는 문장 유형입니다. 이 외에도 필요한 유형이 있으면 추가해서 연습해도 됩니다.

6

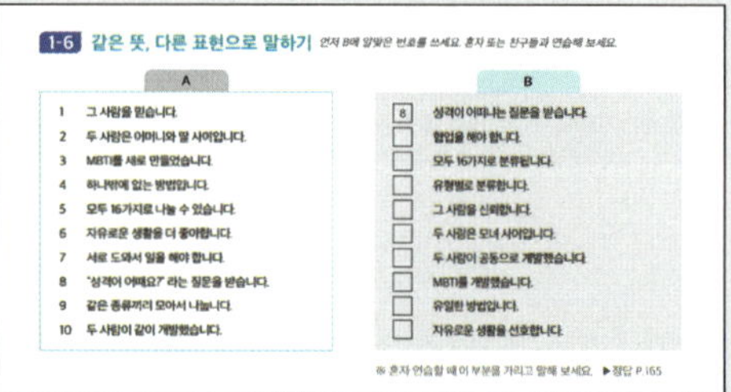

이 연습은 문장 표현 수준을 올릴 때 필요합니다. 같은 뜻이지만 중급 이상의 수준에서 말할 수 있는 다양한 표현들을 배울 수 있습니다. 혼자 또는 친구와 같이 할 수 있습니다. 한 사람이 A표현을 말하면 다른 사람이 B표현을 말하는 방식으로 연습합니다.

7

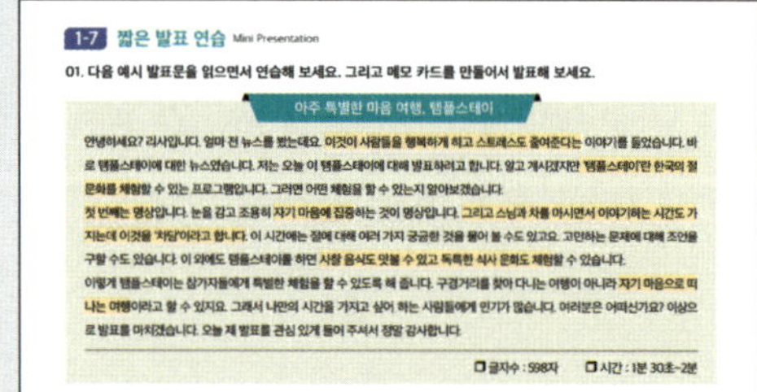

어휘, 표현 연습을 한 후에는 짧은 발표 연습을 할 수 있도록 Mini Presentation을 준비했습니다. 예시문이 제공되어 있기 때문에 발표문을 쓸 필요가 없습니다. 학습자는 예시 발표문을 여러 번 읽으면서 외워야 합니다. 다 외운 다음에는 메모 카드를 직접 만들어서 사람들 앞에서 발표 연습을 해 봅니다. 이렇게 연습하면 발표에 자신감을 가질 수 있을 것입니다.

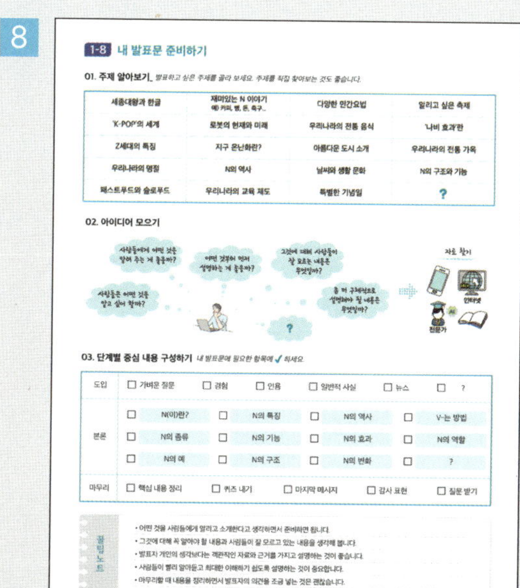

마지막으로 학습자가 직접 주제를 골라 발표문을 써 보는 연습을 하게 됩니다. 다양한 주제가 제시되어 있어서 그중 하나를 골라도 되고 자신이 생각하는 주제를 선택해도 됩니다. 다음으로 아이디어를 모으는 과정과 단계별 중심 내용 구성하는 방법을 안내하고 있습니다. 또한 어떤 것이 중요하고 무엇을 주의해야 하는지 발표문 쓰기에 도움이 되는 꿀팁을 제공하고 있습니다.

✔ 마지막으로 부록에 효과적인 PPT 만드는 방법과 발표 평가 기준표, 정답 및 예시 답안을 제공하고 있습니다. 예시 답안은 말하기 연습을 하는 학습자의 길잡이가 될 수 있도록 최대한 쉽고 다양한 내용으로 구성했습니다.

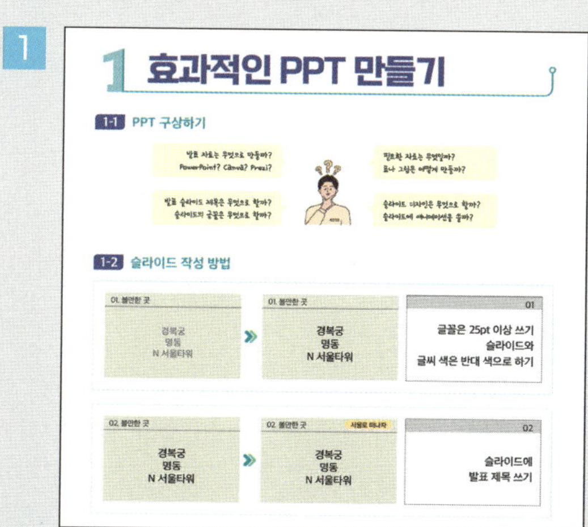

발표 준비를 할 때는 보통 PPT 자료를 미리 만들어야 합니다. 좋은 PPT는 발표를 잘할 수 있도록 도와줍니다. 그래서 효과적인 PPT 만드는 방법을 자세히 보여 주고 있습니다. 이미지를 보면서 하나하나 따라 하다 보면 깔끔한 PPT를 만들 수 있을 것입니다.

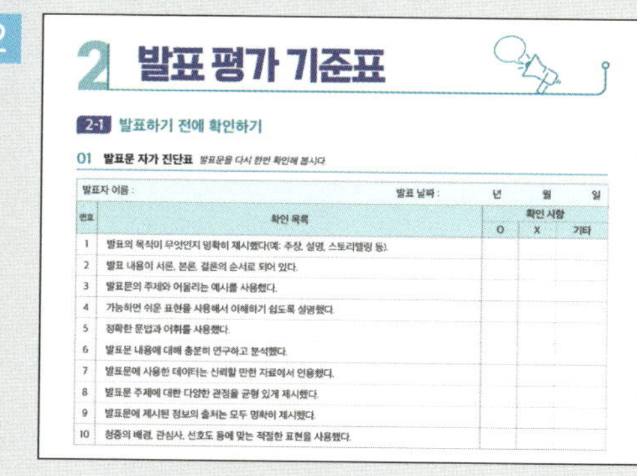

발표 후에 자신은 물론, 친구의 발표를 평가해 볼 수 있는 기준표를 제공하고 있습니다. 따라서 서로에게 피드백을 해 줄 때 활용할 수 있습니다. 또한 기준표에는 유의해야 할 내용들이 포함되어 있기 때문에 발표 준비를 하는 데 도움이 됩니다.

차 례
Table of Contents

CHAPTER 1

발표를 위한 준비

발표 불안감 줄이기

☐ 여러분은 발표하기 전, 또는 발표할 때 어떤 불안을 가지고 있습니까?

☐ 여러분의 발표 불안을 확인해 보세요.

발표 불안감 진단표		1:전혀 아니다　2:조금 그렇다　3:상당히 그렇다　4:매우 그렇다				
발표 전	1	발표에 자신이 없어서 일부러 발표를 피한 적이 있다.	1	2	3	4
	2	내가 발표를 하면 다른 사람들이 나를 싫어할 거라고 생각한 적이 있다.	1	2	3	4
	3	내가 발표를 못해서 사람들이 비웃을 거라고 생각한 적이 있다.	1	2	3	4
	4	발표하기 며칠 전부터 스트레스를 받거나 불안해서 잠을 못 잔 적이 있다.	1	2	3	4
	5	발표 준비를 아무리 꼼꼼하게 해도 자신감이 생기지 않는다.	1	2	3	4
	6	발표 중에 실수할 것 같은 느낌이 든다.	1	2	3	4
	7	발표하다가 내용을 잊어버려서 말을 못할까 봐 걱정된다.	1	2	3	4
발표 중	8	발표할 때 사람들이 다 나를 쳐다보는 것이 부담스럽다.	1	2	3	4
	9	발표할 때 사람들의 눈을 보는 것이 힘들다.	1	2	3	4
	10	발표할 때 가슴이 답답하다고 느낀 적이 있다.	1	2	3	4
	11	발표할 때 목소리가 작아지거나 떨린 적이 있다.	1	2	3	4
	12	발표할 때 얼굴이 빨개진 적이 있다.	1	2	3	4
	13	발표할 때 손이 떨린 적이 있다.	1	2	3	4
	14	발표할 때 갑자기 당황해서 말을 멈춘 적이 있다.	1	2	3	4
	15	발표할 때 긴장해서 준비한 내용을 다 말하지 못한 적이 있다.	1	2	3	4

☐ **결과 확인**

- 40점 이상: 발표 불안이 매우 심함.
- 39~30점: 발표 불안이 심함.
- 29~20점: 발표 불안이 있으나 걱정할 정도는 아님.
- 19~10점: 발표 불안이 조금 있음.
- 9~0점: 발표 불안이 거의 없음.

❏ 발표 불안감을 줄이기 위해서는 어떻게 해야 할까요?

01 발표할 때 내용을 잊어버릴까 봐 불안하다면 메모 카드를 준비해 보세요.

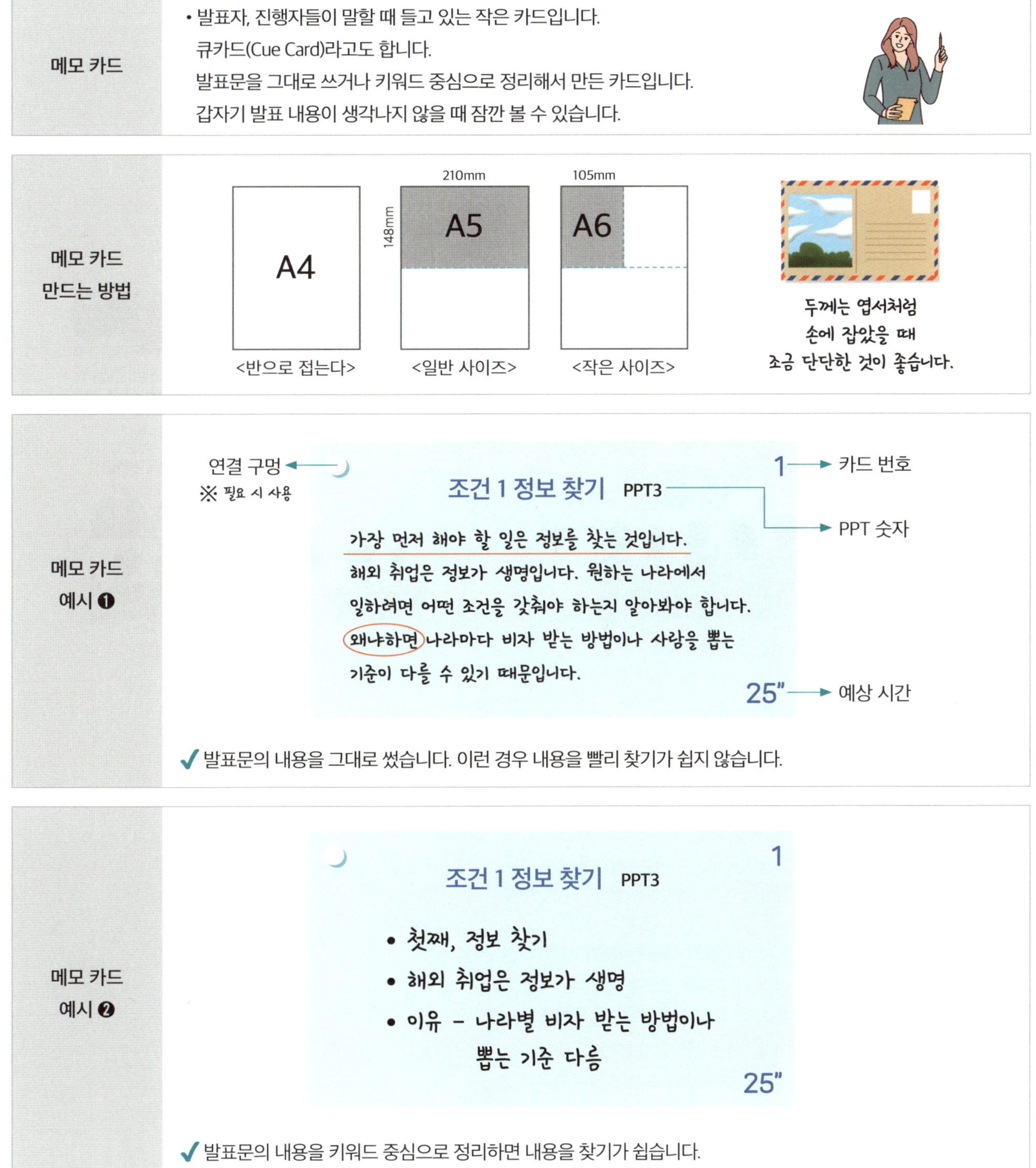

주의 사항	• 글씨 크기는 발표자 자신이 편하게 볼 수 있으면 됩니다. 하지만 글씨가 너무 크면 준비해야 하는 메모 카드가 많아질 수 있습니다. 그러면 준비하는 시간도 많이 걸리고 발표할 때 들고 있기도 불편합니다. • 메모 카드 모양이나 내용은 보기 편하게 바꿀 수도 있습니다.
	• 발표할 때 메모 카드를 계속 보면 안 됩니다. 생각이 잘 안 날 때, 내용이 바뀔 때 잠깐 보는 것이 좋습니다.

02 발표할 때 시선(Eye Contact)을 어떻게 해야 할지 몰라서 불안하면 이렇게 해 보세요.

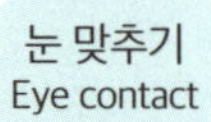

청중의 눈을 보세요.

처음에는 한 사람과 눈을 맞추세요.

그리고 옆 사람으로 천천히 이동하세요

1, 2, 3 순서로 시선을 이동하세요.

다음 3, 2, 1 순서로 시선을 이동하세요.

이렇게 하면 좋습니다.	• '눈을 보면 그 사람도 내 발표에 관심을 가질 거야'라고 생각해 봅시다. • 처음부터 모든 청중을 다 보지 않아도 됩니다. • 가장 편안하게 느껴지는 한 사람을 보면서 시작해도 됩니다. • 한 문장, 한 구절을 말하고 난 뒤에 시선을 천천히 이동하면 됩니다. • 자신의 발표에 집중하지 않는 사람들에게 너무 신경 쓰지 않아도 됩니다.

이렇게 하면 안 됩니다.	• 청중을 보지 않고 PPT 화면만 보면서 발표하면 안 됩니다. • 청중의 머리 위나 발을 보면 안 됩니다. • 시선을 한 사람에게 너무 오래 주면 안 됩니다. • 한 사람에게 4-5초 정도면 충분합니다. • 시선을 이동할 때는 너무 빠르게 하면 안 됩니다.

03 발표할 때 목소리가 떨릴까 봐 불안하면 이렇게 해 보세요.

목소리가 떨릴 때	발표를 할 때는 누구나 떨립니다. 떨리는 정도가 가벼운 사람도 있고 심한 사람도 있습니다. 발표를 하다가 목소리가 작아지거나 떨린다고 느낄 때는 1. 입안에 물이 있다고 생각하고 한번 삼켜 보세요. 2. 말하는 속도를 조금만 천천히 해 보세요.

04 발표하기 전에 너무 긴장되면 이렇게 해 보세요.

발표 전 긴장 될 때	긴장될 때는 먼저 '후~~~~' 해 보세요. 다음에는 좀 더 크게 '후~~~~' 해 보세요. 코로 숨을 마시고 입으로 '후' 소리를 내면서 숨을 밖으로 내 보내면 됩니다. 이때 천천히 끝까지 숨을 내 보세요. 천천히 풍선을 분다고 생각하면서 해 보세요

05 발표 불안이 심하다고 느낄 때는 생각을 바꿔 보세요. 자신에게 좋은 말을 해 주세요.

생각을 바꾸는 말

☐ 청중은 나를 응원한다.

☐ 발표는 나를 설레게 한다.

☐ 발표할 때는 누구나 긴장한다.

☐ 긴장은 금방 사라진다. 걱정할 필요 없다.

긍정적인 에너지를 주는 말

☐ 저는 발표를 잘합니다.

☐ 저는 자신이 있습니다.

☐ 저는 최선을 다하고 있습니다.

☐ 저는 끝까지 잘할 수 있습니다.

발표 전 나에게 하는 말

☐ _______________

☐ _______________

☐ _______________

나에게 자신감을 주는 말

☐ 저는 _______________

☐ 저는 _______________

☐ 저는 _______________

※ 좋은 말을 생각해서 써 보세요.

2 발음, 목소리 자신감 키우기

2-1 발음이 좋아지는 모음, 자음 훈련법

□ 연습1 *기본 모음을 정확하게 발음할 수 있도록 연습해 보세요.*

아	입을 위, 아래, 왼쪽, 오른쪽으로 크게 벌려야 합니다. 턱을 아래로 끝까지 내리면서 입을 크게 만들어야 합니다.	<아> <어>
어	'아' 발음에서 입술만 조금 앞으로 조금 내밀면 됩니다. '아'와 발음 위치는 같은데 입술 모양만 조금 다릅니다.	
오	턱은 아래로 내립니다. 입술을 모아서 앞으로 조금 내밀면 됩니다. 입 모양이 아래로 길어집니다.	<오> <우>
우	턱이 내려가지 않습니다. '오'보다 입을 작게 해야 합니다. 그리고 입술을 '오'보다 더 많이 앞으로 내밀어야 합니다.	
으	아무것도 하지 마세요. 입 모양이 변하지 않습니다. 편안하게 발음하면 됩니다.	<으> <이>
이	입을 왼쪽, 오른쪽 옆으로 길게 해야 합니다. 입술이 옆으로 길어져야 정확한 소리가 납니다.	

□ 연습2 *모음만 읽으면서 연습한 후, 아래 문장을 읽어 보세요.*

01	ㅏㅣㅏ / ㅏㅣㅏ / ㅏㅏㅣㅛ / ㅏㅣㅏ / ㅗㅐㅡ / ㅓㅓㅏ ㅏㅡ / ㅓㅣㅗ / ㅏㅣ—ㅣ— / ㅣㅣㅗ / ㅗㅏㅓ / ㅏㅕㅏ
	아리랑 / 아리랑 / 아라리요. / 아리랑 / 고개를 / 넘어간다. 나를 / 버리고 / 가시는 님은 / 십리도 / 못 가서 / 발병난다.
02	ㅓㅏㅑ / ㅜㅏㅑ / ㅏㅕㅓㅏ / —ㅔ— / ㅏㅣ— / —ㅗㅐㅣ ㅟㅜ / ㅏㅔ— / ㅏㅣㅓㅗㅐ / ㅓㅏㅑ / ㅜㅏㅑ / ㅏㅕㅏ
	엄마야 / 누나야 / 강변 살자. / 뜰에는 / 반짝이는 / 금모래빛. 뒷문 / 밖에는 / 갈잎의 노래. / 엄마야 / 누나야 / 강변 살자.
03	ㅗㅔㅏㅑ / ㅏㅣㅔㅣㅓ / ㅏㅏㅗ / ㅓㅏㅗ / ㅏㅣㅗ ㅏㅏㅗㅡ / ㅜㅜㅐ / ㅓㅏㅗㅡ / ㅏㅣㅐ / ㅏㅣㅗㅡ / ㅓㅜㅕㅝ
	곰 세 마리가 / 한 집에 있어. / 아빠 곰 / 엄마 곰 / 아기 곰. 아빠 곰은 / 뚱뚱해. / 엄마 곰은 / 날씬해. / 아기 곰은 / 너무 귀여워.

준비	• 거울을 보면서 '아, 어, 오, 우, 으, 이'를 느린 속도로 연습해 보세요. 　다음으로 '아, 어, 오, 우, 으, 이'를 빠른 속도로 연습해 보세요. • 하품을 할 때처럼 입을 크게 벌리고 소리 내 보세요. 아 ~ ~ 하 ~ ~ 함 ~ ~ • 입을 다물고 길게 콧소리로 '음 ~ ~' 해 보세요. '음'으로 생일 축하 노래를 불러 보세요.
읽기	가 갸 거 겨 고 교 구 규 그 기　　아 야 어 여 오 요 우 유 으 이 나 냐 너 녀 노 뇨 누 뉴 느 니　　자 쟈 저 져 조 죠 주 쥬 즈 지 다 댜 더 뎌 도 됴 두 듀 드 디　　차 챠 처 쳐 초 쵸 추 츄 츠 치 라 랴 러 려 로 료 루 류 르 리　　카 캬 커 켜 코 쿄 쿠 큐 크 키 마 먀 머 며 모 묘 무 뮤 므 미　　타 탸 터 텨 토 툐 투 튜 트 티 바 뱌 버 벼 보 뵤 부 뷰 브 비　　파 퍄 퍼 펴 포 표 푸 퓨 프 피 사 샤 서 셔 소 쇼 수 슈 스 시　　하 햐 허 혀 호 효 후 휴 흐 히

※ 처음에는 천천히, 그 다음에는 빨리 읽어 보세요. '천천히 → 빨리 → 천천히 → 빨리' 이렇게 여러 번 연습해 보세요.

□ **연습4** *소리가 나는 위치를 확인하고 혀, 입술, 턱에 집중하면서 연습해 보세요.*

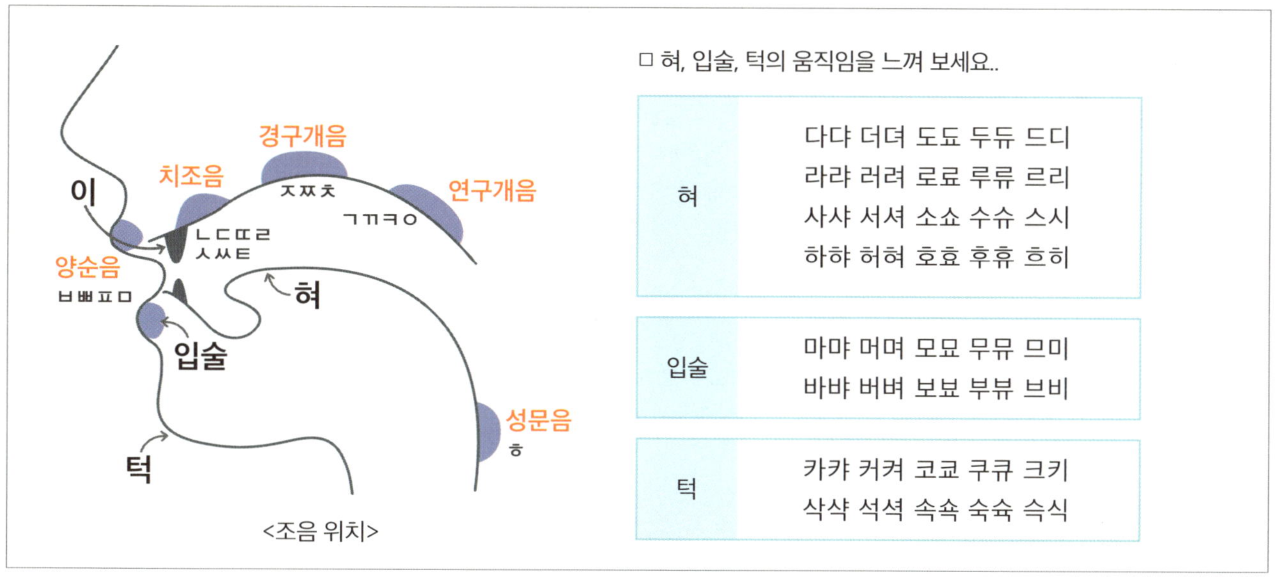

□ 혀, 입술, 턱의 움직임을 느껴 보세요..

혀	다댜 더뎌 도됴 두듀 드디 라랴 러려 로료 루류 르리 사샤 서셔 소쇼 수슈 스시 하햐 허혀 호효 후휴 흐히
입술	마먀 머며 모묘 무뮤 므미 바뱌 버벼 보뵤 부뷰 브비
턱	카캬 커켜 코쿄 쿠큐 크키 삭샥 석석 속속 숙슉 슥식

1. 혀끝 운동	2. 혀 뿌리 운동	3. 혀 위아래 운동
앋따 앋따따 앋따따따 읻띠 읻띠띠 읻띠띠띠 옫또 옫또또 옫또또또 읃뜨 읃뜨뜨 읃뜨뜨뜨	악깍 악깍깍 악깍깍깍 억껙 억껙껙 억껙껙껙 옥꼭 옥꼭꼭 옥꼭꼭꼭 욱꺽 욱꺽꺽 욱꺽꺽꺽	알라 엘라 일라 올라 울라 랄랄랄랄 럴럴럴럴 렐렐렐렐 롤롤롤롤 룰룰룰룰 릴릴릴릴 찰랑찰랑 팔랑팔랑 살랑살랑

1 ㄱ 내가 그린 기린 그림 네가 그린 구름 그림 모두 잘 그린 그림	**2 ㄴ** 나폴 나폴 나비가 나팔꽃에 날아가 놀고 있습니다	**3 ㄷ** 두근두근 내 인생 달달한 내 인생 돌고 도는 내 인생
4 ㄹ 라일락 꽃이 피면 랄라라라 랄라라라 노래하며 춤을 춥니다	**5 ㅁ** 모락모락 김이 나는 맛있는 만두를 맛있게 냠냠 먹고 있습니다	**6 ㅂ** 보름달 뜨고 부엉이 울면 비비디 바비디 비비디 바비디 부
7 ㅅ 시월 이십 삼일 세시 삼십분 가수 송상송이 스위스에서 상송을 부릅니다	**8 ㅇ** 간장 공장 공장장과 된장 공장 공장장이 간장 된장을 맛봅니다	**9 ㅈ** 아기가 잠잘 때 엄마가 자장자장 자장가를 불러줍니다
10 ㅊ 안 촉촉한 초코칩보다 촉촉한 초코칩이 촉촉해서 좋습니다	**11 ㅋ** 달콤한 크리스마스에 카카오로 초콜릿 케이크를 코코아로 핫초코를 만듭니다	**12 ㅌ** 탁구 칠 때도 티키타카 토론할 때도 티키타카 테이블에서도 티키타카
13 ㅍ 파프리카, 파인애플 페퍼민트, 팥빙수 포도, 파스타를 팝니다	**14 ㅎ** 할아버지는 하하하 할머니는 호호호 나는 히히히 웃습니다	**15 ㄲ** 작은 토끼 토끼통 옆에 큰 토끼 토끼통이 있습니다.
16 ㄸ 시계는 똑딱똑딱 망치는 뚝딱뚝딱 딱따구리는 딱딱딱딱	**17 ㅃ** 뽀롱뽀롱 뽀로로가 뽀드득 뽀드득 손 씻고 밤 듬뿍 왕밤빵 먹어요	**18 ㅉ** 짜장면을 먹을까요? 짬뽕을 먹을까요? 짬짜면을 먹을까요?
?	**?**	**?**

※ 활동하기

1. 카드 빨리 읽기 - 카드를 섞어서 하나를 뽑은 다음 빨리 읽는 사람(팀)이 이긴다.

2. 자음으로 시작하는 단어 말하기 - 각 자음으로 시작하는 단어를 더 많이 말하는 사람(팀)이 이긴다.

3. 문장 만들기 - 자음 카드를 두 장 뽑고 그 자음이 들어간 문장을 빨리 만드는 사람(팀)이 이긴다.

01   억양 예시

02   억양 연습

| STEP 1 | 억양이 높거나 낮지 않습니다. 모두 같은 높이로 ∨ 부분은 쉬고 읽어 보세요.
1~4까지 순서대로 읽으면서 연습하세요. | |

1. 안∨녕∨하∨십∨니∨까?∨저∨는∨한∨국∨어∨를∨배∨우∨는∨외∨국∨유∨학∨생∨입∨니∨다

2. 안녕 ∨ 하십 ∨ 니까? ∨ 저는 ∨ 한국 ∨ 어를 ∨ 배우는 ∨ 외국 ∨ 유학 ∨ 생입 ∨ 니다

3. 안녕하 ∨ 십니까? ∨ 저는 ∨ 한국어를 ∨ 배우는 ∨ 외국 ∨ 유학생 ∨ 입니다

4. 안녕하십니까? ∨ 저는∨ 한국어를 ∨ 배우는 ∨ 외국 ∨ 유학생입니다. ∨ 만나서 ∨ 반갑습니다.

| STEP 2 | 억양이 부드럽게 조금 올라갔다 내려온다는 느낌으로 읽어 보세요.
손가락으로 이렇게 ⌒ 그리면서 연습하면 더 좋습니다. | |

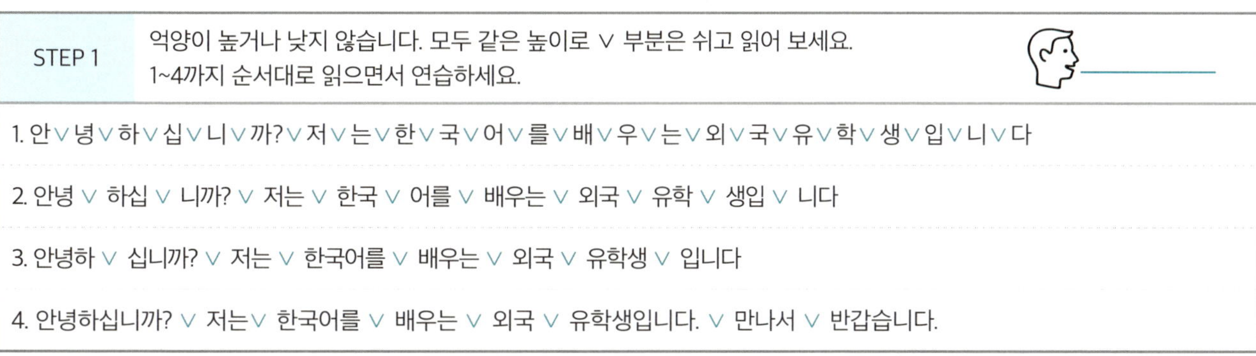

| STEP 3 | 아래 문장을 억양에 주의하면서 읽어 보세요. | |

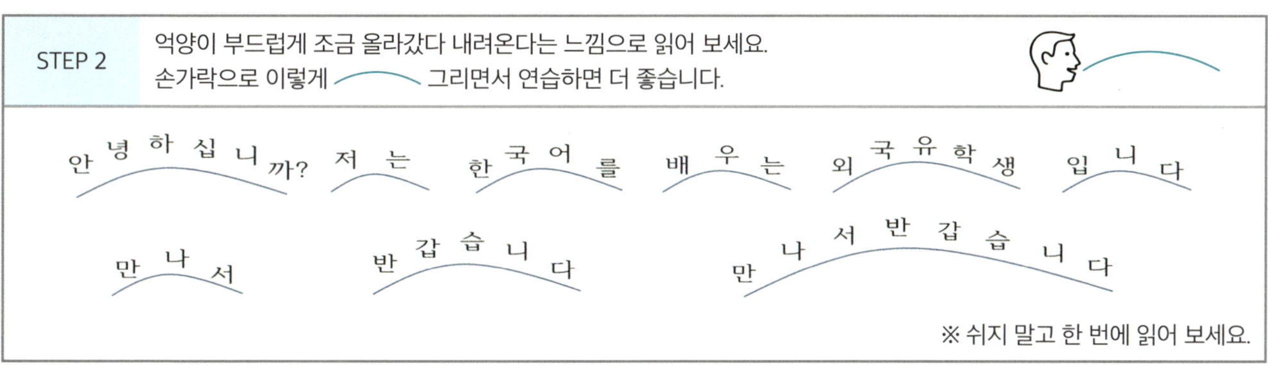

❶	발음을	정확하게 하려면	큰 소리로	읽으면서	연습해야 합니다
❷	제 발표를	끝까지	잘 들어 주셔서	진심으로	감사드립니다
❸	여러분에게	재미있는	한국 드라마와	영화를	소개하려고 합니다
❹	이상으로	기후변화에 대한	제 발표를	모두	마치겠습니다

 복식호흡하기

- 방　　법: 가슴과 어깨가 그대로 있어야 합니다.
　　　　　코로 숨이 들어갈 때는 배가 앞으로 나오고
　　　　　입으로 숨이 나올 때는 배가 안으로 들어가야 합니다.
- 좋은 점: 복식호흡을 하면 오래 말해도 힘이 들지 않습니다.
　　　　　목소리가 힘이 있고 건강해집니다.
　　　　　긴장을 덜 하게 됩니다.

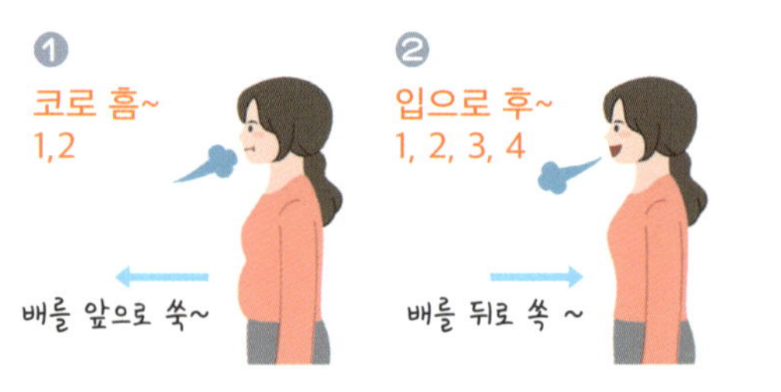

2-4 발음 기관 스트레칭하기

❶	❷	❸	❹
입 모양을 크게 하세요. "아, 에, 이, 오, 우"를 정확하게 해야 합니다. 5번 정도 반복하세요.	입 안에 공기를 가득 채웁니다. 이 공기를 오른쪽으로 보내고 왼쪽으로도 보내세요.	혀를 입 안에서 위, 옆, 아래로 돌립니다. 오른쪽 방향으로 3번 왼쪽으로 3번 하세요.	입으로 시계소리를 냅니다. "똑딱 똑딱 똑딱 …" 10번 정도 반복하세요.

2-5 얼굴, 입술, 혀 긴장 풀기

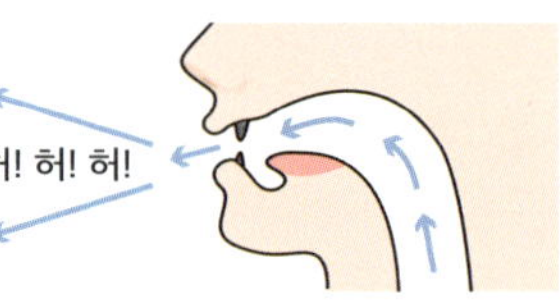

❶	❷	❸
입을 크게 해서 "오, 이" 해 보세요. 얼굴을 최대한 크게 움직여 보세요. 얼굴의 긴장이 풀릴 때까지 여러 번 반복하세요.	입 꼬리 부분을 손가락으로 눌러서 위로 살짝 올리세요. 입술에 힘을 빼고 "프 프 프~" 해 보세요. 입술이 떨릴 때까지 계속하세요.	입을 벌리고 빠르고 강하게 '허!허!허!허!… 하세요. 그런 다음 '허르르, 허르르, 허르르, 오로로, 우루루~ 아루루~ 해 보세요.

2-6 상체 스트레칭 하기

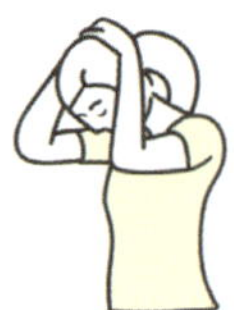

턱을 들어 올린다	머리를 숙인다	손을 뒤로 한다	팔을 옆으로 쭉 편다	어깨를 돌린다

청포도
이육사

내 고장 칠월은
청포도가 익어 가는 시절

이 마을 전설이 주저리주저리 열리고
먼 데 하늘이 꿈꾸며 알알이 들어와 박혀

하늘 밑 푸른 바다가 가슴을 열고
흰 돛단배가 곱게 밀려서 오면

내가 바라는 손님은 고달픈 몸으로
청포를 입고 찾아온다고 했으니

내 그를 맞아 이 포도를 따 먹으면
두 손은 함뿍 적셔도 좋으련

아이야 우리 식탁엔 은쟁반에
하이얀 모시 수건을 마련해 두렴

산유화
김소월

산에는 꽃 피네
꽃이 피네
갈 봄 여름 없이
꽃이 피네

산에
산에
피는 꽃은
저만치 혼자서 피어 있네

산에서 우는 작은 새여
꽃이 좋아
산에서
사노라네

산에는 꽃 지네
꽃이 지네
갈 봄 여름 없이
꽃이 지네

가을 길

노랗게 노랗게 물들었네 빨갛게 빨갛게 물들었네
파랗게 파랗게 높은 하늘 가을 길은 고운 길
트랄 랄랄라 트랄 랄랄라 트랄 랄랄랄라 노래 부르며
산 넘어 물 건너 가는 길 가을 길은 비단 길

노랗게 노랗게 물들었네 빨갛게 빨갛게 물들었네
파랗게 파랗게 높은 하늘 가을 길은 고운 길
트랄 랄랄라 트랄 랄랄라 트랄 랄랄랄라 소리 맞추어
숲속의 새들이 반겨 주는 가을 길은 우리 길

보글보글 짝짝
지글지글 짝짝
보글짝 지글짝
보글지글 짝짝

개울가에 올챙이 한 마리
꼬물꼬물 헤엄치다
뒷다리가 쑤욱~
앞다리가 쑤욱~
팔딱팔딱 개구리 됐네

봄
윤동주

우리 애기는
아래 발치에서 코올코올,

고양이는
부뚜막에서 가릉가릉,

애기 바람이
나뭇가지에서 소올소올,

아저씨 해님이
하늘 한가운데서 째앵째앵.

3 발표문의 특성 이해하기

3-1 발표문 구어체의 특징

• 발표하는 말을 비교해 보세요.

1. 발표문은 발표자가 소리 내어 말해야 하는 글입니다. 그래서 발음과 자연스러운 말하기 표현이 중요합니다.

2. 청중들은 발표자의 말을 반복해서 들을 수 없습니다. 그래서 한 번에 이해하도록 말해야 합니다.

3. 어려운 어휘를 쓰면 이해하기 어려운 사람도 있습니다.

4. 문장이 길거나 문장 구조가 복잡하면 빨리 이해하기 어렵습니다.

   문장을 짧게 하면 듣는 사람도 편하고 발표자도 말하기가 편합니다.

5. 어려운 내용이 있어도 최대한 쉽게 설명해야 합니다.

6. 발표문은 편안하고 자연스러운 구어체 표현이 좋습니다.

7. 구어체 중에서는 비격식체보다 격식체가 좋습니다.

01 구어체란?

- 문어체는 주로 교과서, 보고서, 신문 등에서 볼 수 있습니다. 격식체 표현이 많이 쓰입니다. 문장의 끝에는 보통 '-다'를 씁니다.

  반면에 구어체는 일상 대화, 발표문 등에 사용합니다. 발표문에는 청중들이 이해하기 쉽도록 자연스러운 구어체를 쓰는 것이 좋습니다.

  수식어가 많고 문장이 길거나 구조가 복잡한 것은 피하는 것이 좋습니다.

문어체 예시 	나는 오늘 사람들에게 한국어 문어체와 구어체의 차이에 대해 발표할 것이다. 문어체를 쓰는 상황과 구어체를 쓰는 상황은 다르다. 문어체는 격식을 갖춘 표현으로 학교나 회사에서 보고서를 작성할 때 많이 사용한다. 이와 달리 구어체는 일상적인 대화에서 사용하는 표현들이 많다. 따라서 대화하듯이 편안하게 내용을 전달해야 하는 발표문에는 구어체를 쓰는 것이 좋다.
구어체 예시 	저는 오늘 여러분들에게 한국어 문어체, 그리고 구어체의 차이에 대해 발표하려고 합니다. 우리는 상황에 따라 문어체를 쓰기도 하고 구어체를 쓰기도 합니다. 그럼 문어체는 어떤 상황에서 쓸까요? 우리가 책에서 읽는 글은 대부분 문어체입니다. 그리고 학교나 회사에서 공식적인 보고서를 쓸 때도 문어체를 사용합니다. 하지만 구어체는 좀 다릅니다. 우리가 생활 속에서 사용하는 말이 구어체입니다. 좀 더 편안하게 들리고 빨리 이해가 됩니다. 그래서 듣는 사람들을 위해 발표문에는 구어체를 쓰는 것이 좋습니다.

	문어체	구어체
1	건강에 나쁘므로 자주 섭취하면 안 된다.	건강에 나쁘니까 자주 먹지 않는 것이 좋습니다.
2	친구와 함께 여행을 떠난다.	친구하고 같이 여행을 떠납니다.
3	이러한 예는 매우 흔하다.	이런 예는 아주 많습니다.
4	그러므로 규칙적인 운동이 필요합니다.	그러니까 규칙적으로 운동하는 게 필요합니다.
5	조사 결과에 의하면 과장 광고가 증가했다고 한다.	조사 결과, 과장 광고가 증가했다고 합니다.
6	뉴스에 따르면 기후변화가 심해지고 있다고 한다.	기후변화가 심해지고 있다는 뉴스를 들었습니다.
7	일하는 방법이 과거와는 완전히 달라졌다.	일하는 방법이 예전하고 완전히 달라졌습니다
8	발표가 끝난 후에 질문을 받는다.	발표가 끝나고 나서 질문을 받습니다.
9	문화 다양성을 존중하려는 노력이 필요하다.	다양한 문화를 존중하기 위해 노력해야 합니다.
10	안개로 인한 사고가 발생했다.	안개 때문에 사고가 발생했습니다.
11	경제난의 원인은 무엇인가?	경제가 어려워진 이유는 무엇입니까?
12	준비 부족이 실수의 원인이다.	실수한 이유는 준비가 부족했기 때문입니다.
13	장소의 적절성을 생각해 봐야 한다.	장소가 적절한지 생각해 봐야 합니다.
14	발표자의 말을 경청하는 것이 중요하다.	발표하는 사람의 말을 잘 듣는 것이 중요합니다.
15	그렇게 하는 것이 좋을 듯하다.	그렇게 하는 게 좋을 것 같습니다.

03   구어체-비격식체와 격식체

	구어체	
	비격식체(informal style) 말	격식체(formal style) 말 (추천)
1	여러분은 어때요?	여러분은 어떻습니까?
2	이 문제에 대해 어떻게 생각해요?	이 문제에 대해 어떻게 생각하십니까?
3	주말에 보통 뭐 해요?	주말에 보통 무엇을 하십니까?
4	같이 읽어 봐요.	같이 읽어 봅시다.
5	같이 읽어 볼래요?	같이 읽어 볼까요?
6	정답을 말해 줄래요?	정답을 말씀해 주시겠습니까?
7	제가 알려 드릴게요.	제가 알려 드리겠습니다.
8	누구랑 같이 가요?	누구하고 같이 가십니까?
9	혼자 여행해 본 적 있어요?	혼자 여행해 본 적 있으십니까?
10	제 의견에 반대하는 사람 있어요?	제 의견에 반대하는 분 계십니까?
11	춤은 배우기 힘들어요. 근데 재미있어요.	춤은 배우기가 힘듭니다. 그런데 재미있습니다.
12	맨날 해야 할 일을 까먹어요.	항상 해야 할 일을 잊어버립니다.
13	시험이 엄청 어려웠어요. ※ 되게, 굉장히	시험이 아주 [매우, 몹시] 어려웠습니다.
14	인기가 많아요. 왜냐면 재미있거든요.	인기가 많습니다. 왜냐하면 재미있기 때문입니다.
15	그렇게 생각하는 사람들이 많을 거예요.	그렇게 생각하는 사람들이 많을 겁니다.
16	뉴스를 보니까 SNS 이용이 증가하고 있대요.	뉴스에서 SNS 이용이 증가하고 있다고 합니다.
17	발표하는 모습을 영상으로 찍어 보세요.	발표하는 모습을 영상으로 찍어 보십시오.
18	여러분 혹시 질문 없죠?	여러분 혹시 질문 있으십니까? / 없으십니까?
19	발표가 끝났습니다.	이상으로 발표를 마치겠습니다.
20	발표를 잘 들어줘서 고마워요.	발표를 잘 들어주셔서 감사합니다.

발표할 때 문장이 너무 길면 말하기가 어렵습니다. 청중들도 빨리 이해하기 어려워서 전달력이 떨어집니다.
그래서 긴 문장은 잘라서 짧은 문장으로 만드는 것이 좋습니다.

▢ 짧은 문장으로 만드는 방법

1. 문장의 중심 서술어를 찾습니다.
2. 긴 문장을 짧은 문장으로 자릅니다.
3. 접속부사(하지만, 그런데, 그래서, 그리고, 또 ...)를 사용해서 문장을 자연스럽게 연결합니다.

▢ 예시

수정 전	리더란 팀의 대표로서 앞에서 팀을 이끌어가는 사람이기도 하지만 팀이 성공하도록 다른 사람들을 도와주고 문제가 발생했을 때 해결 방법을 찾아 줄 뿐만 아니라 일이 힘들어서 포기하고 싶을 때 용기를 주는 사람으로, 가장 뒤에서 열심히 일하는 사람이라고 저는 생각합니다.
문장 자르기	1. 저는 이렇게 생각합니다. 2. 리더란 팀의 대표로서 앞에서 팀을 이끌어 가는 사람입니다. 3. 하지만 리더는 팀이 성공하도록 다른 사람들을 도와주고 문제가 발생했을 때 해결 방법을 찾아주는 사람입니다. 4. 그리고 일이 힘들어서 포기하고 싶을 때 용기를 주는 사람입니다. 5. 이렇게 리더는 팀의 가장 뒤에서 열심히 일하는 사람입니다.
수정 후	저는 리더에 대해 이렇게 생각합니다. / 리더란 팀의 대표로서 앞에서 팀을 이끌어가는 사람입니다. / 하지만 팀이 성공하도록 다른 사람들을 도와주고 문제가 발생했을 때 해결 방법을 찾아 주는 사람입니다. / 또 일이 힘들어서 포기하고 싶을 때 용기를 주는 사람입니다. / 이렇게 리더는 앞에서는 물론 뒤에서도 열심히 일하는 사람이라고 생각합니다.

▢ 연습　※ *p.164 답안 참고*

수정 전	최근 청년 구직자 1000명을 대상으로 중소기업에 대한 인식을 조사한 결과, 중소기업에 취업하기 싫은 가장 큰 원인은 '낮은 연봉'과 '부족한 복지 제도'로 나타났으며 이 외에도 기업의 안정성이나 성장 가능성이 낮기 때문인 것으로 나타나 이에 대한 개선이 필요한 것으로 보입니다.
문장 자르기	1. 최근 청년 구직자 1000명을 대상으로 중소기업에 대한 인식을 조사했습니다. 2. 3. 4.
수정 후	

3-3 접속부사 활용하기

긴 문장을 잘라서 짧은 문장으로 말하고 접속부사를 활용하면 청중이 더 쉽게 이해할 수 있습니다.
연결어미가 두 개 이상 들어가 있을 때는 문장을 자르고 접속부사를 사용하는 것이 좋습니다.

❑ **연습** ▌ 표시 부분에서 문장을 자르고 접속부사를 사용해서 두 문장으로 말해 보세요. ※ *p.164 답안 참고*

1 일이 힘들기는 하지만 재미있는 것도 많아서 ▌ 즐겁게 하고 있습니다.
   🎤 ➜ ❶ 일이 힘들기는 하지만 재미있는 것도 많습니다. ❷ 그래서 즐겁게 하고 있습니다.
2 그 사람은 힘들고 어려운 일이 있어도 ▌ 도움을 받으려고 하지 않습니다.
   🎤 ➜
3 누구나 실패할 수 있지만 ▌ 포기하지 않으면 성공할 가능성이 있습니다.
   🎤 ➜
4 경치도 중요하지만 사람들이 친절하고 음식도 맛있어야 ▌ 관광객이 많이 옵니다.
   🎤 ➜
5 한국말을 연습하고 싶었는데 ▌ 같이 이야기할 친구가 없어서 ▌ 한국 드라마를 봤습니다.
   🎤 ➜

3-4 전달 효과 높이기

글을 읽고 이해하는 것과 듣고 이해하는 것은 조금 다릅니다. 말로 전달할 때는 가능하면 단순한 문장이 좋습니다. 'N의 N'이나 수식어(-ㄴ/은/는 N, -게 A/V 등)가 많은 문장은 들었을 때 이해가 빨리 안 될 수도 있습니다. 발표할 때는 대화할 때처럼 편안한 문장들을 사용해 보세요.

	말할 때 전달이 잘 안 되는 표현	전달이 잘 되는 표현
1	아름다운 풍경과 친절한 사람들이 있었습니다.	풍경도 아름답고 사람들도 친절했습니다.
2	많은 여행하는 사람들이 있었습니다.	여행하는 사람들이 많았습니다.
3	쉬지 않고 성실하게 열심히 일했습니다.	아주 열심히 일했습니다. / 아주 성실하게 일했습니다
4	하루 세 잔의 커피를 마십니다.	하루에 커피를 세 잔 마십니다.
5	다양한 종류의 직업들이 있습니다.	직업의 종류는 아주 다양합니다.
6	적극적인 홍보 및 판매가 중요합니다.	적극적으로 홍보하고 판매하는 것이 중요합니다.
7	한국에서의 유학 생활을 통해 많은 경험을 쌓았습니다.	한국에서 유학 생활을 하면서 경험을 많이 쌓았습니다.
8	보기 전과 본 후의 차이점을 비교해 봅니다.	보기 전과 본 후에 어떤 차이점이 있는지 비교해 봅니다.
9	한국의 대표적인 음식인 김치 종류는 몇 가지일까요?	김치는 한국의 대표적인 음식인데 종류가 얼마나 될까요?
10	친구와의 우연한 만남이 기억에 남는 날이었습니다.	그날, 친구와 우연히 만난 것이 기억에 남습니다.

• 아래 발표 시작부분을 비교해 보세요. 어느 것이 더 좋습니까?

1. 도입은 발표를 처음 시작하는 부분입니다. 발표자와 청중이 처음 만나는 순간입니다.
   청중은 발표자가 어떤 내용으로 발표할지 기대를 가지게 됩니다.
2. 청중들이 관심을 가질 수 있는 내용을 준비해야 합니다.
3. 발표를 시작하는 다양한 방법을 생각해 봅니다.
4. 청중들이 이미 알고 있는 내용을 확인해 보면서 시작하는 방법이 있습니다.
5. 청중들이 잘 모르고 있는 내용을 질문해 보면서 시작하는 방법이 있습니다.
6. 최근 뉴스에 나온 내용들이나 조사 결과를 이야기하는 방법도 있습니다.
7. 청중들과 공감할 수 있는 내용을 준비하는 것이 중요합니다

01 도입 방법과 예시

도입 1		■ 대부분의 사람들이 이미 알고 있는 일반적인 사실을 이야기하면서 시작합니다.
	표현	• 사람들은 누구나 ______ ㅂ니다/습니다.　　　• 대부분의 사람들은 ______ 다고 생각합니다. • 여러분도 아시다시피 요즘 우리 사회는 ______ ㅂ니다/습니다.
	예1	사람들은 누구나 스트레스를 가지고 살아갑니다. 그리고 스트레스 때문에 몸 건강은 물론, 마음 건강까지 나빠지는 경우도 많습니다. 그래서 이제 스트레스를 관리하는 것은 선택이 아니라 필수가 되었습니다.
	예2	요즘 우리 사회는 점점 복잡해지고 있습니다. 그래서 그 속에서 살아가는 사람들도 다양한 스트레스를 겪고 있습니다. 일과 관련된 스트레스, 그리고 돈, 가족 문제, 취업과 관련된 스트레스 등 수많은 원인들이 스트레스를 유발하고 있습니다. 스트레스가 심해지면 불면증이나 우울증을 비롯한 여러 가지 질병에 걸립니다. 건강한 삶을 유지하기 위해 반드시 자기만의 스트레스 관리법을 찾아야 합니다.
도입 2		■ 가벼운 질문으로 시작합니다.
	표현	• 여러분 혹시 -(으)ㄴ 적이 있습니까? • N에 대해 알고 계십니까?　　• —(이)라는 말을 들어 보셨나요?
	예1	여러분 혹시 아파서 병원에 갔는데 아픈 이유가 스트레스 때문이라는 말을 들어보신 적이 있습니까? 병의 원인은 정말 많지만 스트레스는 모든 병의 원인이 될 수 있습니다.
	예2	여러분 스트레스가 수명을 짧게 한다는 사실, 알고 계십니까? 알고는 있었지만 진짜 그럴까 하고 생각하셨던 분들이라면 이걸로 실험을 진행했던 기록을 한번 찾아보시기 바랍니다.

도입 3	■ 청중들이 공감할 수 있는 사건이나 경험을 이야기하면서 시작합니다.	
	표현	• 예전에 이런 일이 있었습니다.　• 예전에 ______ 에서 ______ (으)ㄴ 적이 있었습니다 • 저 같은 경우에는 ~　　• 제 경험을 말씀드리면 ~　　• 그럴 때 저는 이렇게 합니다.
	예1	예전에 제가 있던 도시에서 동물원에 있던 곰이 탈출한 적이 있습니다. 밖으로 나가지도 못하고 하고 싶은 것도 마음대로 못하기 때문에 동물원에는 이상한 행동을 하는 동물들이 많다고 합니다. 가끔 그런 동물들이 거리로 나와 위험한 상황이 발생하기도 합니다. 모두 스트레스 때문입니다.
	예2	여러분! 여러분은 스트레스를 받을 때 어떻게 하시나요? 저 같은 경우에는 맛있는 음식을 먹습니다. 그것도 아주 달고 칼로리가 높은 음식을 주로 먹습니다. 그런데 이런 방법은 잠깐 기분을 좋아지게 할 수 있지만 장기적으로는 부정적인 영향을 미친다고 합니다. 오늘은 건강하게 스트레스를 관리하는 방법에 대해 말씀드리려고 합니다.
도입 4	■ 책, 잡지, 뉴스에 나온 내용이나 속담, 유명한 사람들의 말을 이야기하면서 시작합니다.	
	예1	• 우리 나라 속담에는 이런 말이 있습니다.　• 얼마 전 뉴스에서 ______ 다는 이야기를 들었습니다. • ○○○은 이런 말을 했습니다.　　　　• 이 말은 ○○○이 했다고 합니다.
	예2	스트레스는 건강을 해치기 때문에 가능하면 피하는 것이 좋지만 이것을 긍정적 에너지로 바꾸는 사람들도 있습니다. 스포츠 스타들 중에는 스트레스가 더 열심히 하는 동기가 된다고 하는 사람들도 많습니다. 한 유명한 축구 선수는 '적당한 스트레스가 자신을 더 강하게 만든다고 ' 말했습니다.
	예3	옛말에 "걱정이 많으면 빨리 늙는다", "자도 걱정, 먹어도 걱정"이라는 말이 있습니다. 모두 쓸데없는 걱정을 하지 말라는 말입니다. 걱정은 곧 스트레스입니다. 사실, 스트레스는 어디에서 오는 것이 아니라 우리가 만들어 낸다고 할 수 있습니다.
	예4	안녕하세요? 여러분, 얼마 전 뉴스를 들었는데요. 우리나라 성인 10명 중 3명은 아주 심한 스트레스를 받고 있다고 합니다. 또 다른 연구 결과를 보면, 스트레스가 우리 뇌의 능력까지 떨어뜨린다는 보고도 있었습니다. 스트레스를 받으면 뇌 크기가 줄어들고 기억력도 떨어진다는 것입니다. 건강하게 살기 위해서 우리는 무엇을 해야 할까요? 그렇습니다. 스트레스를 관리해야 합니다.
	예5	여러분, 우리가 가지고 있는 스트레스의 90%는 일 년이 지나면 사라지는 것들이라고 합니다. Mel Robbins의 말입니다. 그리고 Andrew Bernstein은 스트레스는 우리 생각에 달려 있다고 했습니다. 오늘 제가 발표할 내용이 무엇인지 짐작하시겠죠? 바로 스트레스에 대한 우리의 태도입니다. 자 그럼 발표를 시작하겠습니다.
도입 5	■ 호기심을 자극하기 위해 수수께끼, 이미지, 소리, 물건 같은 것을 제시하면서 시작합니다.	
	표현	• 여러분 이게 뭔지 아십니까? 이런 거 본 적이 있습니까? • 여러분 제가 질문 하나 드리겠습니다. 이게 무엇인지 알아맞춰 보시기 바랍니다.
	예1	누구에게나 있습니다. 이것 때문에 머리가 아프기도 합니다. '스'자로 시작해서 '스'자로 끝납니다. 4글자입니다. 이것은 무엇일까요?
	예2	직장인들이 이것 때문에 지출하는 비용이 한 달 평균 20만원 이상입니다. 이것은 건강에 독이 될 수도 있고 약이 될 수도 있습니다. 이것은 무엇일까요?
	예3	'이것은 모든 병의 원인'이라는 말이 있습니다. 이것이 있을 때 단 것을 먹고 싶다는 생각이 듭니다. 이것 때문에 우울해지고 쉽게 짜증을 내기도 합니다. 이것은 무엇일까요?

도입 6	■ 발표문 전체에 대한 중심 내용이나 개요를 제시하면서 시작합니다.	
	표현	• 오늘 제가 발표할 내용은 ______________ 입니다. • 오늘 발표 시간은 ______ 분입니다.
	예1	오늘 저는 케이블카를 설치하면 안 된다는 주장을 하려고 합니다. 반대하는 근거, 세 가지를 구체적으로 말씀드리겠습니다. 발표 시간은 5분입니다. 그럼 발표를 시작하겠습니다.
	예2	여러분은 오늘 제 발표를 들으면 스트레스를 관리하는 방법에 대해 아실 겁니다. 여러분이 쉽게 실천할 수 있는 방법들을 말씀드릴 테니 잘 들어 주시기 바랍니다.
도입 7	■ 청중에 대해서 말하면서 시작합니다. 청중의 참여를 이끌어 낼 수 있으면 더 좋습니다.	
	표현	• 여러분 중에는 -아/어 보이는 분도 계십니다. • 여러분은 이럴 때 어떻게 하시겠습니까? • 지금 그렇게 생각하시는 분이 계시면 손 좀 들어 보시겠습니까?
	예1	안녕하세요? 여러분, 오늘 여러분을 보니 조금 피곤해 보이는 분도 계시지만 아주 건강해 보이는 분도 계십니다. 여기 앞에 계시는 분은 정~말 스트레스가 전혀 없는 것 같습니다. 아니면 스트레스를 잘 풀고 계신가요? 오늘 저는 여러분에게 스트레스를 관리하는 방법에 말씀드리려고 합니다.
	예2	여러분! 혹시 나는 스트레스가 전혀 없다고 생각하시는 분, 계십니까? 있으면 손 한번 들어 봐 주세요. 아마 대부분 스트레스가 있을 거라고 생각합니다. 저도 요즘 발표 준비 때문에 스트레스를 좀 받았습니다. 오늘은 스트레스를 어떻게 관리하면 좋을지에 대해 말씀드리려고 합니다. 잘 들어 주시면 감사하겠습니다.
	예3	오늘 저는 스트레스를 줄이는 방법에 대해 발표할 겁니다. 오늘 제 발표를 듣는 분들 중에는 이미 그 방법을 아주 잘 알고 계시는 분들이 많을 겁니다. 발표가 끝난 후에 그 분들의 이야기도 한 번 들어 보고 싶습니다.

❑ 청중의 마음을 움직이는 방법 *청중을 웃게 하고, 말하게 하고, 움직이게 하라.*

방법	예
1. 쉬운 질문하기	• 여러분 지금부터 질문을 하나 드릴 거예요. 손을 들고 대답해 주세요.
2. 웃게 만들기	• 저를 닮은 연예인은 누구일까요? 맞히시는 분께 선물을 드립니다. • 이럴 때 다른 분들은 박수를 치던데요!
3. 작은 선물 준비하기	• 오늘 열심히 참여해 주신 분께 선물을 드리겠습니다.
4. 칭찬하기	• 저를 이렇게 따뜻한 마음으로 환영해 주셔서 정말 감사합니다. • 오늘 여기에 서니까 제가 굉장히 특별한 사람이 된 것 같습니다. 여러분들이 저를 그렇게 만들어 주고 계십니다. 오늘 그 기운을 받아서 발표를 시작해 보겠습니다.
5. '우리' 강조하기	• 우리는 잘할 수 있습니다. 그리고 우리는 용기가 있습니다.

☐ 연습 *다음 주제로 도입을 어떻게 할지 생각해 보고 말해 보세요.*

경쟁은 필요할까?	돈과 행복	시간 관리의 중요성	K-POP의 세계
습관과 버릇	다이어트 경험	오해와 실수	나의 어린 시절
여행의 추억	어느 날 학교에서…	방학/휴가 때 생긴 일	노력과 보상
아직 한국어는 어려워	도와준 일, 도움받은 일	돈 때문에 생긴 일	기념일과 선물 이야기
어느 날 회사에서…	두려움과 용기	만남과 헤어짐	?

☐ 예시 1

주제	경쟁은 필요한 것인가?						⏳ 시간: 20~30초
방법	☐ 도입 1	☐ 도입 2	☑ 도입 3	☐ 도입 4	☐ 도입 5	☐ 도입 6	☐ 도입 7
내용	여러분 1681년에 멸종된 '도도새'를 아십니까? 도도새는 인도양에 있는 섬 마다가스카르에서 평화롭게 살았습니다. 하지만 살아가는 데 어떤 위험도 없었기 때문에 날개가 있었지만 나는 능력을 잃어버렸습니다. 그래서 바깥에서 들어 온 동물들에게 잡아먹히고, 사람들에게 사냥을 당하고 말았습니다. 만약 '도도새'가 경쟁이 치열한 환경에서 살았다면 어땠을까요? 오늘 저는 경쟁이 필요한 이유에 대해 말씀드리겠습니다.						

☐ 예시 2

주제	경쟁은 필요한 것인가?						⏳ 시간: 20~30초
방법	☑ 도입 1	☐ 도입 2	☐ 도입 3	☐ 도입 4	☐ 도입 5	☐ 도입 6	☐ 도입 7
내용	우리는 원하기 것을 얻기 위해서 경쟁을 해야 합니다. 특히 대학 진학, 취업, 승진 같은 중요한 순간마다 엄청난 스트레스를 받습니다. 그런데 우리가 스포츠 경기나 오디션 프로그램을 볼 때는 어떻습니까? 다른 사람들이 경쟁하는 것을 즐겁게 보고 있습니다. 왜 그럴까요? 그렇다면 경쟁은 과연 필요할까요? 저는 필요하다고 생각합니다. 오늘 저는 경쟁이 필요한 이유에 대해 말씀드리겠습니다.						

☐ 활동

1. 자신이 발표하는 모습을 상상하면서 잘할 것 같은 점과 부족할 것 같은 점을 간단하게 써 보세요.
2. 도입 부분 발표문을 연습한 후 영상을 찍어 보세요.
3. 영상을 보고 나서 잘한 점과 부족했던 점을 이야기해 보세요. .
4. 발표를 하기 전에 예상했던 나의 모습과 영상 속의 발표하는 나의 모습을 비교해 보세요.

 ## 3-6 발표문 마무리의 특징

• 다음 마무리를 비교해 보세요. 어느 것이 더 좋습니까?

1. 마무리는 발표의 마지막 부분입니다. 발표에서 처음과 마무리는 아주 중요합니다.
2. 마무리를 잘 준비해야 합니다. 청중들은 가장 마지막에 들은 내용을 오래 기억하기 때문입니다.
3. 시간이 없어도 급하게 마무리하면 안 됩니다. '감사합니다'로만 끝내는 것은 좋지 않습니다.
4. 마무리할 때는 발표의 중심 내용을 간단하게 정리하는 것이 좋습니다.
5. 가장 중요한 것, 절대 잊으면 안 되는 것을 한 번 더 강조하면 좋습니다.
   ※ 마지막 PPT 슬라이드에도 이 내용을 넣으면 더 좋습니다.
6. 특별한 마무리를 위해 다른 사람들의 말을 인용하거나 청중들에게 질문을 할 수도 있습니다.
   어떤 마무리가 기억에 남을지 고민해 봐야 합니다.

01 발표 마무리의 단계

마무리 1단계 주제 말하기	• 지금까지 __________ 에 대해(서) 말씀드렸습니다 [발표했습니다]. 　예) 지금까지 '스트레스를 관리하는 방법' 3가지를 말씀드렸습니다.
마무리 2단계 중심 내용 정리	• 오늘 발표한 내용을 정리해 보겠습니다[요약해 보겠습니다]. 　예) 오늘 발표한 내용을 정리해 보겠습니다. 첫째 …　둘째 …　입니다.
마무리 3단계 마지막 메시지	• 우리 다 함께 - 았/었으면 좋겠습니다　• 여러분도 한번　-아/어 보십시오 　예) 우리도 이제부터 스트레스를 잘 관리해서 더 건강해졌으면 좋겠습니다.
마무리 4단계 이유 + 감사	• - 아/어 주셔서 감사합니다. 　예) 제 발표에 관심 가져 주시고 질문에 대답해 주셔서 정말 감사합니다.
마무리 5단계 질문과 대답	• 좋은 질문 감사합니다 [질문해 주셔서 감사합니다].　• 질문에 답이 되었습니까? 　예) 좋은 질문 감사합니다. 간단하게 답변 드리겠습니다. 질문에 답이 되었습니까?

☐ 단계별 특징과 표현

정리 요약	■ 발표 내용을 간단하게 정리해 줍니다.	
	표현	• 자, 그러면 지금까지 발표한 내용을 정리해 보겠습니다. • 오늘 발표한 내용은 크게 3가지로 정리할 수 있습니다. • 여러분! 오늘 발표한 내용 기억하시죠? 가장 중요한 게 뭔지 기억하실 겁니다. • 오늘 발표한 내용 다시 한번 확인해 볼까요?
	예1	그러면 지금까지 발표한 내용을 정리해 보겠습니다. 스트레스를 관리하는 방법 3가지를 말씀드렸는데요. 그 중에서 가장 중요한 한 가지, 마음이 복잡하면 몸을 움직이라는 것입니다. 어떻게 움직여야 할지는 여러분이 더 잘 아실 거라고 생각합니다.
	예2	지금까지 스트레스를 관리하는 방법 3가지를 알아봤습니다. 첫 번째는 뭘까요? (대답) 네, 맞습니다. 그리고 두 번째는? (대답) 마지막은? (대답) 네 모두 기억하고 계시는군요! 감사합니다!
마지막 메시지	■ 꼭 전하고 싶거나 다시 한번 강조하고 싶은 메시지를 짧게 말합니다.	
	표현	• 이것만은 기억해 주셨으면 좋겠습니다 [기억해 주시기 바랍니다] • 여러분은 이제　　　-(으)ㄹ 수 있을 것입니다 • 저는 여러분이　　　-(으)ㄹ 것이라고 기대합니다 • 여러분도 한번　　　-아/어 보십시오 • 우리 모두　　　-았/었으면 좋겠습니다 • ________ 은/는 이런 말을 했습니다
	예1	여러분은 오늘 제 발표를 듣고 무엇을 느끼셨습니까? 저는 누구나 알고 있지만 실천하기 어려웠던 것들을 말씀드렸습니다. 다시 시작해 보십시오! 여러분은 꼭 할 수 있을 거라는 생각이 듭니다. 왜냐하면 오늘 여러분이 제 이야기를 너무 열심히 들어 주셨기 때문입니다.
	예2	여러분! 저는 힘든 상황에서도 항상 웃는 친구를 보면서 어떻게 하면 저럴까 궁금했던 적이 있었습니다. 그런데 그 친구는 힘든 일이 있어도 그걸 스트레스라고 생각해 본 적이 없다고 했습니다. 스트레스도 마음먹기 나름인 것 같습니다. 우리도 스트레스를 대하는 마음부터 돌아봤으면 좋겠습니다.
감사 인사	■ 왜 감사한지, 이유를 구체적으로 말해 주면 좋습니다.	
	표현	• -아/어 주셔서 감사합니다 / 감사 드립니다. • -아/어 주신 여러분께 진심으로 감사드립니다. • 여러분 덕분에 ~ 았/었습니다. 정말 감사합니다.
	예1	오늘 여러분 덕분에 발표 시간이 아주 즐거웠습니다. 여러분 덕분에 걱정했던 마음이 사라지고 오히려 아쉬운 마음이 드는데요! 시간이 정말 빨리 지나간 것 같습니다. 즐거운 시간이었습니다. 감사합니다. 발표는 제가 했지만 주인공은 여러분입니다. 잘 들어 주셔서 정말 감사합니다. 여러분의 눈빛 하나하나가 기억에 남을 것 같습니다. 정말 감사합니다. 오늘 제 질문에 답해 주시고, 잘 들어 주셔서 감사합니다. 여러분의 적극적인 호응 덕분에 자신감이 생겼습니다. 정말 감사합니다. 제 발표의 부족한 부분을 여러분이 채워주셨습니다. 감사합니다. 오늘 이 시간을 특별한 시간으로 만들어 주신 여러분께 감사드립니다. 바쁘신데도 불구하고 시간 내 주셔서 감사합니다. 오늘 제 발표가 여러분에게 도움이 되었나요? 여러분에게 도움이 되었기를 바랍니다.

 발표 내용 전개하기

01 주장이나 설명할 때 전개 방법

자신의 의견을 제시할 때
결론을 먼저 말하고 나서
이유와 근거를 순서대로
설명하는 것이
좋습니다.

청중의 호기심을
불러 일으키고 싶을 때는
근거를 먼저 말하고
마지막에 결론을
말할 수도 있습니다.

어떤 문제나, 이유, 방법을
설명할 때는 항상 구체적으로
말해야 합니다.
상세 설명을 추가하면
훨씬 더 설득력이 있습니다.

문제점 → 이유→ 해결 방법
구조에서는
내용이 서로 잘 연결되어
있어야 합니다. 앞에서 말한
문제점과 이유에 맞는
해결 방법을 말해야 합니다.

❑ 예시

결론	🎤	저는 재택근무를 하는 것이 좋다고 생각합니다. 두 가지 이유가 있습니다.	의견 제시
이유 1 근거 1	🎤	첫 번째는 출퇴근 시간을 아낄 수 있기 때문입니다. 최근 재택 근무의 장점을 묻는 설문 조사 결과를 봤는데요. 출퇴근 스트레스가 없어서 좋다, 출퇴근 시간을 아낄 수 있어서 좋다는 응답이 60%를 넘었습니다. 이런 결과를 보더라도 이게 얼마나 중요한 이유인지 알 수 있습니다.	이유 1 + 근거 설명
이유 2 근거 2	🎤	두 번째 이유는 원하는 시간에 일할 수 있어서입니다. 출근을 하면 정해진 근무 시간에 일해야 합니다. 그런데 재택근무를 하면 근무 시간을 스스로 정할 수 있습니다. 예를 들면 가족 모임이 있으면 낮에는 가족들과 함께 보내고 저녁 시간에 일하면 됩니다. 이것 또한 큰 장점이죠!	이유 2 + 근거 설명
마무리	🎤	이 외에도 좋은 점이 많지만 출퇴근 시간을 아낄 수 있고 근무 시간이 자유롭다는 점에서 저는 재택근무에 찬성합니다.	내용 정리

❑ 연습 1 ※ *p.164 답안 참고*

결론	🎤		의견 제시
이유 1 근거 1	🎤		이유 1 + 근거 설명
이유 2 근거 2	🎤		이유 2 + 근거 설명
마무리	🎤		내용 정리

❑ 연습 2

결론	🎤		의견 제시
이유 1 근거 1	🎤		이유 1 + 근거 설명
이유 2 근거 2	🎤		이유 2 + 근거 설명
마무리	🎤		내용 정리

01 청중들과 소통하는 표현

- 발표할 때는 발표 내용을 잘 전달하는 것도 중요하지만 청중들과 소통하는 것도 중요합니다.
- 그래서 발표자는 청중의 반응을 잘 살피고 청중들이 발표 내용에 관심을 가질 수 있도록 해야 합니다.
- 그러기 위해서는 질문을 하거나 공감할 만한 이야기를 하는 것이 좋습니다.
- 청중들과 함께 할 수 있는 방법을 고민해 보십시오. 그리고 필요한 표현을 미리 연습해 봅시다.

가벼운 질문	여러분 중에 혹시 이런 경험해 보신 분 계십니까? 여러분 혹시 이런 말 들어 보신 적 있습니까? 여러분 한국 음식 중에서 제일 좋아하는 음식이 뭔가요? 지난 주말에 첫눈이 왔는데 여러분은 그때 뭐 하셨나요? 평소에 환경을 생각해서 여러분이 하고 있는 일이 있습니까? 여러분은 힘든 일이 있을 때 누가 제일 먼저 생각나나요?
의견 묻기	여러분은 이 문제에 대해 어떻게 생각하십니까? 여러분은 이럴 때 어떻게 하시겠습니까? 건강을 지키기 위해 가장 필요한 것은 무엇일까요? 여러분이 이 이야기 속의 주인공이라면 어떻게 하시겠습니까? 이 문제가 요즘 논란이 되고 있는데 여러분은 찬성하십니까? 반대하십니까?
청중 참여 유도	여러분 주위에 혹시 이런 사람이 있습니까? 그 일이 일어난 다음, 두 사람은 어떻게 됐을까요? 여러분이 이 이야기의 결말이 어떻게 되기를 바라십니까? 이렇게 하는 게 괜찮다고 생각하시는 분은 손을 들어 주시겠습니까? 지금까지 스트레칭하는 방법에 대해 말씀드렸는데 같이 한번 해 볼까요? 이 말은 소리 내 읽었을 때 더 감동적입니다. 같이 한 번 읽어 볼까요?
공감 표현	저도 외국에서 살아 봤는데 외국에서 생활하기 참 힘드시죠? 이런 상황이 되면 누구나 포기하고 싶지 않을까요? 지금 이 사람들의 마음이 어떨지 충분히 이해가 됩니다. 저도 여러분처럼 처음 만난 사람과 대화하는 게 어렵다고 느낀 적이 있습니다.
청중에 대한 관심 표현	뒤에 계시는 분들 화면이 잘 보이시나요? 제 목소리 잘 들리십니까? 불편하시면 말씀해 주세요. 지금이 오후 늦은 시간이라 그런지 좀 피곤해 보이십니다. 오늘 제 이야기에 집중해 주신 분들께 너무 감사드립니다. 오늘 여러분을 위해 작은 선물을 준비했습니다.
질문 받기	여러분 혹시 질문이 있습니까? 어떤 질문이든지 좋습니다. 오늘 제 발표 내용 중에서 궁금한 게 있으면 편하게 질문해 주세요.

	비추천 😦	추천 😊
1	아마 도움이 될 것 같아요.	분명히 도움이 될 것입니다.
2	그런 것 같습니다.	그렇습니다.
3	맞는 것 같습니다.	맞습니다.
4	기대해 볼 만합니다.	기대하셔도 좋습니다.
5	확실한 것은 아니지만	확실한 것은
6	중요할 수도 있습니다.	중요합니다.
7	이제부터 이렇게 해야 할 것 같습니다.	이렇게 해야 합니다.
8	그런 일도 있다고 들었습니다.	그런 일이 있었습니다.
9	문제를 해결할 수 있을지도 모릅니다.	문제를 해결할 수 있습니다.
10	우리의 책임일 수도 있습니다.	우리의 책임도 있다고 생각합니다.

✔주의! **피해야 할 표현**

1. 준비한 것이 별로 없어서 실망시켜 드릴까 봐 걱정입니다.

2. 발표 준비가 충분하지 않아서 죄송합니다.

3. 제가 오늘 발표하다가 실수할지도 모릅니다.

4. 저는 발표할 때 긴장을 많이 해서 걱정입니다.

5. 제 발표가 부족하더라도/실수하더라도 이해해 주시기 바랍니다.

6. 재미없더라도 끝까지 들어주시면 감사하겠습니다.

7. 가능하면 빨리 끝내도록 하겠습니다.

8. 이건 별로 중요한 건 아니지만 말씀드리겠습니다.

9. 지금 시간이 없으니까 다음에 기회가 되면 말씀드리겠습니다.

10. "음..." "어..." "그..." "저..." "근데..." "그치만..." "그니까..."

4 발표 효과 높이기

4-1 강조하기

1. 목소리 크기, 속도, 발음 길이를 다르게 해서 중요한 내용을 강조합니다.

2. 무엇보다 청중들에게 중요한 내용이라는 것을 알게 하는 것이 좋습니다.

3. 강조하면 청중들이 더 집중해서 들을 수 있습니다.

3. 발표 내용에 자신의 감정을 적극적으로 표현하는 것이 좋습니다.

4. 강조할 부분을 발표문에 미리 표시해 두는 것이 좋습니다. ※ 색깔을 사용해도 됩니다.

- 멈춤: 짧게 / 중간 // 길게 ///　　•천천히: ‿‿‿‿‿ ex) 반드시　　•길게: ~~ ex) 크게~~

01 멈추기 (Pause)

- 말을 잠시 멈추는 것, 포즈 (Pause)라고도 합니다. 가장 효과적인 강조 방법입니다.

- 강조하고 싶은 말 앞에서 잠시 멈추면 다음에 말할 내용을 강조할 수 있습니다.

- 청중에게 의미를 더 잘 전달할 수 있고, 자신있는 모습을 보여줄 수 있습니다.

- 강조하는 정도에 따라 짧게 또는 길게 멈출 수 있습니다. 예) / 1초 // 2초 /// 3초

- 말을 하다가 멈추면 불안할 수 있습니다. 하지만 멈추기의 효과를 믿고 적극적으로 활용해 보세요.

- 어디에서 멈추면 좋을까요?

  1. 가장 중요한 메시지 전과 후　　2. 질문 전과 후　　3. 인용하기 전과 후　　4. 내용이 바뀔 때　　5. 강조하고 싶은 말 앞

☐ **연습** ※ *p.164 답안 참고*

- 다음을 읽고 멈춰야 하는 곳에 '/, //, ///'를 표시해 보세요. ※ 내가 필요하다고 생각하는 부분에 자유롭게 표시하면 됩니다.

- 그리고 멈추지 않고 읽었을 때와 멈추고 읽었을 때가 어떻게 다른지 비교해 보세요.

> 1. 저는 재택근무를 하는 것에 찬성합니다. 여러분은 어떻게 생각하세요?
>
> 2. 지금까지 말씀드린 3가지가 바로 장수의 비결이었습니다. 그렇다면 이제 그 이유에 대해 알아봅시다.
>
> 3. 운동은 매일 조금씩 하는 게 좋을까요? 일주일에 한두 번 많이 하는 게 좋을까요?
>
> 4. 곰과 호랑이는 쑥과 마늘을 먹고 100일 동안 동굴에 있어야 했습니다. 100일 후, 어떻게 됐을까요?
>
> 5. 발표 불안감을 줄이려면 연습을 해야 합니다. 그러면 어떻게 연습해야 할까요?
>
> 6. 글로벌 인재가 되기 위해 가장 필요한 능력은 무엇일까요? 제가 생각하기에는 소통 능력입니다.
>
> 7. 인간관계에서 가장 중요한 것은 무엇일까요? 바로 믿음입니다. 믿음이 없으면 모든 것이 무너집니다.
>
> 8. 세종대왕께서는 이런 말을 하셨습니다. "고기는 씹을수록 맛이 나고, 책은 읽을수록 맛이 난다."
>
> 9. 다이어트를 할 때 아침을 안 먹는 것이 좋을까요? 아닙니다! 먹는 것이 좋습니다.
>
> 10. 그때 저희 아버지께서는 전혀 화를 내지 않으셨습니다. 오히려 저를 위로하셨습니다.
>
> 11. 계획은 세우는 것보다 실천하는 것이 중요합니다. 작은 것이라도 일단 시작해야 합니다.
>
> 12. 우리가 하는 걱정 중에 진짜 걱정해야 할 일은 겨우 4%에 불과합니다. 나머지는 모두 필요 없는 걱정입니다.

▶ 정답 p.164

- 말하는 속도를 천천히 하거나 빨리 해서 변화를 주면 발표를 듣는 사람들이 더 집중할 수 있습니다.
- 보통 속도로 말하다가 천천히 말하면 이 부분은 '잘 들어 주세요'라는 의미로 들립니다.
- 알아듣기 어려운 내용, 복잡한 내용, 중요한 내용은 조금 천천히, 또박또박 말하는 것이 좋습니다.
- 사람 이름, 장소 이름, 숫자 같은 것도 잘 알아들을 수 있도록 천천히 말하는 것이 좋습니다.
- 속도를 '천천히' 할 때 목소리를 '크게' 하면 효과가 더 좋습니다.

□ **연습** 아래 문장에서 ______ 부분을 조금 천천히, 또박또박 읽어 보세요.

1. 한글은 1 4 4 6년에 세 종 대 왕 이 만드셨습니다.
2. 최근 관광객이 5 4% 증가했습니다
3. 제주도 한 라 산 에 가 보신 적이 있습니까?
4. 번지점프를 해 보신 적이 있습니까?
5. 외국어를 배울 때는 많이 읽 고, 말 하 고, 쓰 는 것이 중요합니다.
6. 한국 속담에 시 작 이 반이라는 말이 있습니다.
7. 인생은 짧 고 예술은 길 다는 말이 있습니다.
8. 사랑은 받는 것이 아니라 주 는 것 입 니 다.
9. 아무리 힘들어도 포 기 하 면 안 됩 니 다.
10. 돈은 버는 것보다 잘 쓰 는 것 이 중요합니다.
11. 최선을 다하면 반 드 시 좋은 결과가 있을 것입니다.
12. 누구나 꿈을 꿀 수 있습니다. 하지만 꿈을 이 루 기 는 어 렵 습 니 다.
13. 쓰레기를 재활용하는 것보다 쓰레기를 만 들 지 않 는 것 이 더 중요합니다.

03 길게 말하기

- 강조하고 싶은 글자를 조금 더 길게 말해 줍니다.
- 적절하게 사용해야 합니다. 너무 많이 사용하는 것은 좋지 않습니다.

□ **연습** 아래 문장에서 ~~ 부분을 조금 길게 읽어 보세요.

1. 반려동물이 크~~게 늘고 있습니다.
2. 세상은 갈수록 아~~주 복잡해지고 있습니다.
3. 전보다 많~~은 사람들이 이곳을 찾고 있습니다.
4. 최~~고의 서비스를 제공하고 있습니다
5. AI 기술이 발전하면서 우리 생활에 엄~~청난 변화가 오고 있습니다.
6. 우리는 큰~~ 꿈을 꿔야 합니다.
7. 저는 요리하는 것을 정~~말 좋아합니다.
8. 높이 나는 새가 멀~~리 볼 수 있습니다.
9. 마음이 답답할 때는 넓~~은 바다를 보십시오.
10. 발표할 때 그 단어를 길~~ 게 말하는 게 좋을까요? 짧게 말하는 게 좋을까요?

1

독일의 심리학자 헤르만 에빙하우스는 1880년부터 1885년까지 기억에 대한 실험을 했습니다. 그 결과가 바로 여러분도 잘 아는 에빙하우스의 '망각 곡선'입니다. 이 곡선은 학습한 내용을 우리가 얼마나 빨리 잊어버리는지 보여주고 있습니다. 그러면 그래프를 한번 볼까요? 사람들은 20분이 지나면 학습했던 내용의 42%를 잊어버리고, 하루가 지나면 67%나 망각하는 것으로 나타났습니다. 정말 놀랍죠? 따라서 망각 속도를 늦추기 위해서는 반복 학습이 정말 중요하다고 합니다. 배운 내용을 며칠 내로 반복해서 공부하면 기억을 오래 유지할 수 있다고 합니다.

2

대학은 어떤 곳일까요? 즉, 어떤 기능을 하는 곳일까요? 오늘은 대학의 역할에 대해 발표하겠습니다. 대학의 역할은 크게 세 가지로 정리해 볼 수 있습니다. 첫째, 대학은 연구하는 곳입니다. 교수님과 학생들이 전문 지식을 바탕으로 연구하고, 토론하고, 실험합니다. 둘째, 대학은 교육하는 곳입니다. 지식을 전달하고 가르칩니다. 셋째, 대학은 사회를 위해 봉사하는 곳입니다. 우리 사회에는 전문가가 해야 할 일이 많습니다. 현대 사회는 아주 빠르게 변하고 있습니다. 기술 발전 속도도 엄청나게 빨라졌습니다. 이런 때일수록 대학이 사회를 위해 많은 노력을 해야 할 것입니다.

3

여러분 발표하기 전에 긴장하십니까?

혹시 나만 불안을 느낀다고 생각하십니까?
다른 사람은 그렇지 않을 거라고 생각하십니까?

만약 그렇게 생각한다면 그 생각을 버리십시오.
모든 사람들이 다 불안을 느낍니다.
절대로 나만 그런 것이 아닙니다.

불안을 덜 느끼려면 어떻게 해야 할까요?

모두가 다 그러니까 괜찮다고 생각해 보십시오.
그리고 연습하십시오.
연습은 많이 할수록 좋습니다.
연습을 많이 하면
당연히 실수를 덜 하게 됩니다.

4

처음부터 발표를 잘하는 사람은 없습니다.

어떤 생각을 가지고 있는지,
얼마나 연습하는지,
어떻게 연습하는지가 중요합니다.
연습으로 여러분은 더 완벽해질 수 있습니다.

실수할까 봐 불안하십니까?
'실패는 성공의 어머니'라는 말이 있습니다.
실수를 좋은 경험이라고 생각하십시오.
실수는 여러분을 완벽하게 만들어 줄 것입니다.

실수하지 않는 사람, 네 ~ 없습니다!
불안 하지 않은 사람, 당연히 없습니다!
여러분! 자신감을 가지고 발표하십시오.

 ## 제스처(gestures) 활용하기

- 발표할 때 제스처를 활용하면 발표 효과를 높일 수 있습니다. 아래 제스처를 따라 해 보세요.
  제스처는 가능하면 크게 하는 것이 좋습니다.

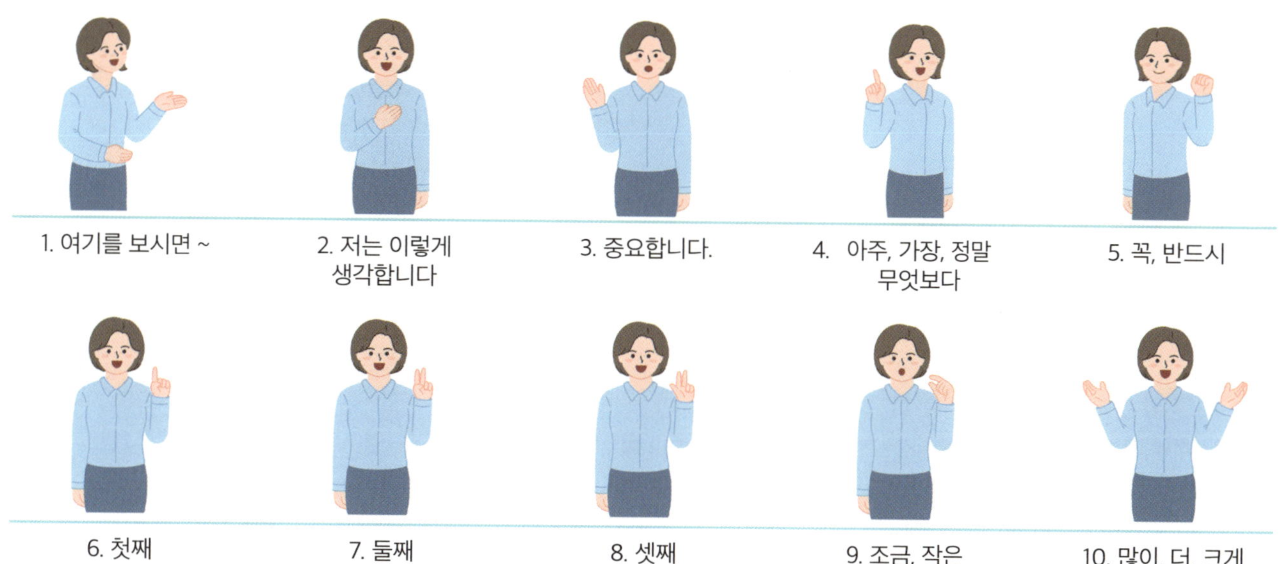

| 1. 여기를 보시면 ~ | 2. 저는 이렇게 생각합니다 | 3. 중요합니다. | 4. 아주, 가장, 정말 무엇보다 | 5. 꼭, 반드시 |
| 6. 첫째 | 7. 둘째 | 8. 셋째 | 9. 조금, 작은 | 10. 많이, 더, 크게 |

❏ **연습 1** 아래 표현에 어울리는 제스처를 여러분이 직접 생각해 보세요. 그리고 친구들과 비교해 보세요.

1. 감소했습니다	2. 증가했습니다	3. 어떻게 생각하세요?	4. 왜 그럴까요?	5. 특히
?	?	?	?	?
6. 네, 맞습니다	7. 저는 찬성합니다	8. 저는 반대합니다	9. 이건 어떻습니까?	10. 꼭 기억해 주세요
?	?	?	?	?

❏ **연습 2** 아래 예시 발표문을 읽으면서 _____ 부분에 제스처를 사용해 보세요.

올해 여러분의 가장 큰 목표는 무엇입니까? 그 목표를 어떻게 실천하고 있습니까? 저는 실천하는 것이 무엇보다 중요하다고 생각합니다. 아무리 좋은 목표를 세워도 실천하지 않으면 소용이 없습니다. 그래서 오늘 저는 목표를 실천하기 위해서 꼭 해야 할 일 세 가지를 말씀드리려고 합니다.

첫째, 큰 목표를 실천하려면 우선 작은 목표를 세워야 합니다. 오늘 하루, 이번 주에 실천할 수 있는 작은 목표를 세워야 실천 가능성이 더 높아집니다. 둘째, 달력이나 메모지에 목표를 적어 두고 얼마나 실천하고 있는지 매일 확인해야 합니다. 자! 여기 보시는 것처럼 이렇게 하시면 됩니다. 셋째, 목표를 실천하면 자신에게 작은 보상을 줘야 합니다. 그래야 성취감을 느끼고 더 노력할 수 있습니다. 누구나 한 번에 큰 목표를 이룰 수는 없습니다. 작은 목표라도 꾸준이 실천하는 것이 정말 중요합니다.

☐ **연습 3** 발표할 때는 제스처와 함께 감정을 표현하는 연습이 필요합니다.
아이들에게 동화를 읽어주는 상황을 생각하면서 연습해 보세요.
제스처와 감정을 잘 살리면서 하는 것이 중요합니다.

1

곰 세 마리가 한집에 있습니다.

아빠 곰은 뚱뚱합니다.
엄마 곰은 날씬합니다.
아기 곰은 너무 귀엽습니다.
아기 곰은 엄마 아빠를
정말 좋아합니다.

2

아기곰은 꿀 먹는 것을 아주 좋아했습니다.
어느 날 아기곰은 엄마 곰이 꿀을 안 먹는 것을 알고
"엄마 왜 꿀 안 먹어?"라고 물었습니다. 그러자 엄마곰은
"엄마는 배부르니까 우리 아기 많이 먹어"라고 했습니다.
시간이 흘러 아기곰은 엄마 곰이 되었습니다.
예전의 엄마 곰처럼 아기들이 맛있게 먹는 것을 보면 행복했습니다.
엄마의 마음을 이제야 알게 되었습니다.

3

토끼와 거북이가 달리기 경주를 하기로 했습니다.
시작하자마자 토끼는 빨리 달리기 시작했고 거북이는 천천히 갔습니다.
얼마 지나지 않아 토끼는 거북이가 보이지 않을 정도로 멀리 왔습니다.
토끼는 뛰어가다가 잠깐 쉬고 싶어졌습니다. 그리고 나무 그늘에 누워 있다가
잠이 들었습니다. 토끼가 낮잠을 자는 사이 거북이는 쉬지 않고 달렸습니다.
드디어 거북이 앞에 마지막 도착지가 보였습니다. 이제 조금만 더 가면 됩니다.
그때 토끼가 잠에서 깨어났습니다. 토끼는 깜짝 놀라서 아주 빨리 달렸습니다.
하지만 결국 거북이가 먼저 도착했습니다. 토끼는 후회했지만 소용없었습니다.

4

옛날 옛날에 게으름뱅이 아이가 살았습니다. 가족들과 친구들이 밥 먹고 자기만 하면 소가 된다고 놀려도 게으름뱅이는 듣지
않았습니다. 그러던 어느 날 지나가던 할아버지가 나타나 쇠머리 모양으로 만든 탈을 주면서 이걸 쓰면 소가 될 수 있다고
했습니다. 게으름뱅이는 소가 되는 것도 좋다고 생각해 그 탈을 썼는데 진짜 소가 되었습니다. 깜짝 놀란 게으름뱅이는 탈을
벗으려고 했지만 소용없었습니다.
할아버지는 게으름뱅이를 시장으로 끌고 가서 한 농부에게 팔았습니다. 그리고 "이 소는 무를 먹으면 죽으니까 절대 무를
주지 마세요. 그리고 말을 잘 안 들으니까 채찍으로 때리면서 일을 시키세요." 라고 말하고 가버렸습니다. 농부에게 팔려간
게으름뱅이는 하루 종일 일만 했습니다.

어느 날, 일이 너무 힘들어서 죽고 싶은 마음이 들었습니다. 그때 우연히 무를 보자 노인이
했던 말이 생각나서 "차라리 무를 먹고 죽어버리자!" 라고 결심하고 무를 먹었습니다. 그러자
놀랍게도 탈이 벗겨지고 사람으로 돌아왔습니다. 사람이 되어서 집으로 돌아간 게으름뱅이는
그 뒤로는 열심히 일을 하면서 부지런하게 살았다고 합니다.

❏ 말하기 속도 확인 방법

'위기는 곧 기회다'라는 말이 있습니다. 위기가 왔을 때 우리는 마음속으로 세 가지 질문을 해야 합니다. '왜 이런 일이 일어났을까?' '이 일을 통해 무엇을 배울 수 있을까?' '이 일을 기회로 만들려면 무엇을 해야 할까?' 먼저 위기의 원인을 분석하고 그것을 해결할 방법을 적극적으로 찾아야 합니다. 그리고 위기로부터 배우려고 하는 태도를 가져야 합니다. 그러면 극복할 수 있는 방법도 찾을 수 있습니다. (228자)

❏ 말하기 평균 속도

- 26초 이내 - 매우 빠름
- 27-30초 - 약간 빠름
- 31-34초 - 보통
- 35-37초 - 약간 느림
- 38초 이상 - 매우 느림

• 나의 말하기 속도 찾기

1. 스톱워치를 사용해서 위글을 읽어 보세요
2. 시간이 얼마나 걸렸는지 아래 표에 쓰세요.
3. 녹음한 후, 여러 번 들어보세요.
4. 가장 자연스럽게 들리는 나의 속도를 찾아보세요.

횟수	걸리는 시간
1회	초
2회	초
3회	초
4회	초

빠른 속도 느끼기	보통 속도 느끼기	느린 속도 느끼기
손가락으로 직선을 그리며 읽는다	손가락으로 반원을 그리며 읽는다	손가락으로 큰 원을 그리며 읽는다

※ 다음 문장을 세 가지 방식으로 읽어 보고 속도를 느껴 보세요.

1. 안녕하세요?
2. 저는 학생입니다.
3. 발표를 마치겠습니다.
4. 들어 주셔서 감사합니다.

Q 긴장해서 말이 빨라질 때 어떻게 해야 하나요?

A 긴장하면 점점 말이 빨라지게 됩니다. 그럴 때는 잠깐 멈추세요. 그리고 코로 숨을 한 번 쉬세요. 그런데 말이 빨라지고 있다는 걸 어떻게 알 수 있을까요? 청중들의 표정을 보면 알 수 있습니다. 청중들은 아마 못 알아듣겠다는 표정을 짓고 있을 것입니다. 그럴 때는 이렇게 물어 보는 것도 좋습니다. "혹시 제 말이 좀 빠른가요?" "제 말을 다 이해하셨나요?"라고 물어 보십시오. 그렇게 말하는 동안 여유가 생기고 말의 속도를 조절할 수 있습니다.

• 발표할 때 여러분의 자세는 어떻습니까?

아래 발표 자세를 보고 자세가 좋다고 생각하면 O, 나쁘다고 생각하면 X 하세요. ※ p.165 답안 참고

1 (X)
2 ( )
3 ( )
4 ( )
5 ( )
6 ( )
7 ( )
8 ( )
9 ( )
10 ( )
11 ( )
12 ( )

<연습> 자세에 대한 설명을 읽고 번호를 써 보세요. ※ p.165 답안 참고

1   주머니에 손을 넣고 발표합니다.   3

2   허리에 손을 올리고 발표합니다.

3   팔짱을 끼고 발표합니다.

4   손을 허리 뒤로 하고 발표합니다.

5   손을 턱 아래에 두고 발표합니다.

6   두 팔을 허리 옆에 내리고 발표합니다.

7   두 손을 모아서 배꼽 아래에 둡니다.

8   두 손을 배꼽 위쪽으로 두고 움직이면서 발표합니다.

9   탁자에 기대서 편한 자세로 발표합니다

10 청중을 보지 않고 옆으로 서서 화면만 보면서 발표합니다.

11 두 손을 모아서 배꼽 정도에 두고 발표합니다.

12 발표 자료를 계속 보면서 발표합니다.

Q 인사할 때 어떻게 해야 하나요?

A 한국에서는 손을 앞으로 모으고 고개와 허리를 숙여서 인사하는 것이 좋습니다.
고개와 허리는 너무 깊이 숙이지 않아도 됩니다.
발표를 시작하기 전, 발표가 끝났을 때 이렇게 인사합니다.
진심으로 청중을 존중하는 마음을 담아 인사해야 합니다.
시작할 때 인사를 하고 바로 발표에 들어가면 급해 보일 수 있습니다.
우선 밝은 표정으로 청중들을 한번 둘러 보는 것도 좋습니다.

Q 어디에 서서 발표해야 하나요?

A 일단 무대 가운데에 서는 것이 좋습니다.
칠판, PPT 화면이 있는 모니터 옆에 계속 서 있는 것은 좋지 않습니다.
일단 중앙에 서서 발표를 하고, 자료 화면을 봐야 할 때는 잠깐 옆으로 가서 서 있으면 됩니다.
상황에 따라 중앙에서 왼쪽으로, 또 오른쪽으로 이동해 보는 것도 좋습니다.
너무 많이 이동하는 것은 좋지 않지만 조금 변화를 주는 것은 집중하게 하는 효과가 있습니다.

Q 발표할 때 표정을 어떻게 해야 할까요?

A 발표자는 청중들에게 여유 있는 모습을 보여줘야 합니다.
표정이 없는 것보다는 살짝 미소를 짓는 것이 좋습니다.
그런데 발표할 때 긴장하면 자신도 모르게 표정이 굳어질 수 있습니다.
평소에 거울을 보면서 미소 짓는 연습을 해 보세요.

연습할 때는 살짝 웃으면서 이렇게 말해 보세요.
1. 김치 김치 김치　　**2. 위스키, 위스키, 위스키**
3. 치즈 치즈 치즈　　**4. 와이키키, 와이키키, 와이키키**
이 외에도 여러분이 생각하는 좋은 단어가 있으면 활용해 보세요.

Q 발표할 때 어디를 봐야 할지 모르겠습니다. 이럴 때 어떻게 해야 할까요?

A 청중의 눈을 보는 것이 가장 좋지만 이것이 어려우면 눈과 눈 사이, 또는 코를 보는 것이
좋습니다. 그런데 너무 빨리 시선을 옮기는 것은 좋지 않습니다. 시선이 불안하면 청중들
에게 신뢰감을 줄 수 없습니다.
우선 한 곳을 정해 3초 이상 시선을 주는 연습을 해 보세요. 그리고 천천히 옆으로 이동해서
다시 3초 이상 시선을 주는 방법으로 연습하면 됩니다.

CHAPTER 2

설명을 위한 발표

N의 이해

1-1 예시 발표문

내용구성	도입 ➡	본문 ➡	마무리
	• 시작 인사 • 도입-경험 말하기 • 발표 내용 소개	1. MBTI의 역사적 배경 2. MBTI의 구체적 내용 설명 3. 보충 설명과 의견	1. 내용 정리 2. 강조하고 싶은 메시지 3. 감사 인사

당신의 MBTI가 궁금하다!

1 도입

여러분 안녕하세요? 루카입니다. 여러분은 "혈액형이 어떻게 되세요?", "별자리가 어떻게 되세요?"라는 질문을 받아보셨습니까? 그 사람의 성격이 어떤지 가장 쉽게 알 수 있는 방법이 혈액형과 별자리입니다. 그런데 저는 요즘 이런 질문 대신, MBTI가 어떻게 되느냐는 질문을 자주 받습니다. 오늘 저는 이 MBTI에 대해서 말씀드리려고 합니다.

2 배경

MBTI는 성격을 알아보는 검사 도구입니다. 먼저 MBTI의 역사를 간단하게 살펴보면, 이 도구는 1944년 미국에서 처음 나왔습니다. '브릭스'와 '마이어스'가 공동으로 개발했는데 두 사람은 모녀 사이입니다. 당시 이 도구를 개발한 목적은 성격을 유형별로 분류해서 거기에 맞는 일을 찾기 위한 것이었습니다.

3 내용 설명

MBTI의 성격유형은 모두 16가지로 분류됩니다. 이 16가지는 4가지 기준에 따라서 결정되는데요. 첫 번째는 'E'와 'I'입니다. E는 외향적인 경향, I는 내성적인 경향을 말합니다. 두 번째는 'S'와 'N'인데요. S는 현실을 중시하고, N은 이상을 추구하는 경향이 있습니다. 세 번째는 'T'와 'F'입니다. T는 어떤 것을 결정할 때 객관적 사실에 관심을 가지고요. F는 감정과 인간관계에 관심을 가지는 특성이 있습니다. 네 번째는 'J'와 'P'입니다. J는 계획을 세워서 생활하는 것을 선호하는 반면, P는 자유로운 생활을 좋아합니다. 여기 표를 보시면 이해가 더 잘 되실 겁니다. MBTI는 쉽고 빠르게 결과를 알 수 있기 때문에 많은 사람들이 이용합니다. 직업을 찾을 때나 같이 일하는 동료의 성격이 알고 싶을 때, 심지어 친구를 사귀거나 연애할 때도 MBTI를 활용한다고 합니다.

4 의견

이렇게 MBTI는 자신을 이해하고 다른 사람도 이해하는 방법이 될 수 있습니다. 성격을 알면 직장에서 협업할 때 좋은 결과를 만들어 낼 수 있고, 인간관계도 좋아질 수 있습니다. 하지만 부작용도 있습니다. MBTI 결과만 믿고 다른 사람에 대해 편견을 가지는 것입니다. 성격 검사 한 번으로 그 사람을 판단할 수 있을까요? 그렇지 않습니다. 그래서 전문가들은 MBTI를 적절하게 이용하는 것이 좋다고 조언합니다.

5 마무리

지금까지 저는 MBTI에 대해서 말씀드렸습니다. 여러분도 MBTI를 알고 싶으면 언제든지 인터넷에서 검사해 볼 수 있습니다. 하지만 MBTI가 성격을 알 수 있는 유일한 방법도 아니고, 또한 100% 정확한 것도 아니라는 점, 기억하시기 바랍니다. 이상으로 발표를 마치겠습니다. 질문이 있으시면 잠시 후에 해 주시기 바랍니다. 오늘 처음부터 끝까지 제 발표에 집중해 주셔서 정말 감사합니다.

▸ 글자수 : 1270자
▸ 시 간 : 4분~5분

크게 읽으세요!

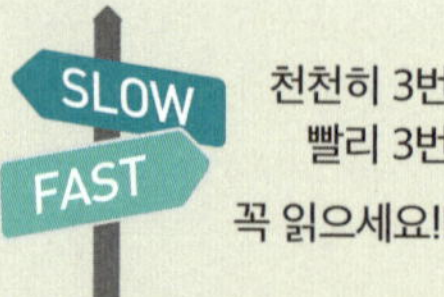

천천히 3번
빨리 3번
꼭 읽으세요!!

나의 속도

1번	_____분 _____초
2번	_____분 _____초
3번	_____분 _____초

	A 질문	※ N 명사 V 동사 A 형용사 ( ) 글자 수		B 대답
1	어떤 것을 새로 만들어 내는 것을 무엇이라고 합니까?	※ 4글자 동사입니다.	V(4)	'개발하다'라고 합니다.
2	비슷한 것끼리 모아서 나누는 것을 무엇이라고 합니까?		V(4)	
3	한 직장에서 같이 일하는 사람을 어떻게 부릅니까?		N(2)	
4	별 모양에 따라 사람들이 이름을 붙여준 것을 무엇이라고 합니까?		N(3)	
5	피의 종류는 대부분 A, B, O, AB로 나눌 수 있는데 이것을 무엇이라고 합니까?		N(3)	
6	어떤 것을 할 때 그 결과로 나타나는 나쁜 점을 무엇이라고 합니까?		N(3)	
7	좋아하거나 이루고 싶은 것을 위해 계속 노력하는 것을 무엇이라고 합니까?		V(4)	
8	사람들과 어울리는 것을 좋아하는 활발한 성격을 어떻게 말합니까?		N(5)	
9	자기 생각을 잘 말하지 않는 조용한 성격을 어떻게 말합니까?		N(5)	
10	경험해 보지 않고 어떤 것의 한쪽 면만 보는 것, 그런 생각을 무엇이라고 합니까?		N(2)	

▶ 정답 p.165

1-3 **어휘 활용 말하기** *다양한 표현을 생각해 보고 최대한 많이 말하세요.*

01 계획을

세웠습니다.
실천하려고 합니다.
· · · ·
· · · ·

02 성격이

알고 싶습니다.
별로 좋지 않습니다.
· · · ·
· · · ·

03 결과를

믿지 않습니다.
알 수 있습니다.
· · · ·
· · · ·

04 직장에서

동료들과 잘 지냅니다.
열심히 일합니다.
· · · ·
· · · ·

05 인터넷에서

검색할 수 있습니다.
확인해 볼 수 있습니다.
· · · ·
· · · ·

06 유형별로

분류했습니다.
정리해 두었습니다.
· · · ·
· · · ·

07 적절하게

먹어야 합니다.
이용하는 것이 좋습니다.
· · · ·
· · · ·

08 처음

나왔습니다.
콘서트에 가 봤습니다.
· · · ·
· · · ·

모두 16가지로
종류에 따라 4가지로
· · · ·
· · · ·

다른 사람의 성격에
직장 내 인간관계에
· · · ·
· · · ·

방학에 여행을 가기로
우리가 해야 할 일을
· · · · · ·

새로 배운 표현을
일할 때 이 프로그램을
· · · ·
· · · ·

09 분류됩니다

10 관심을 가집니다

11 결정했습니다

12 활용합니다

회사에서 동료들과
그 문제를 해결하기 위해
· · · ·
· · · ·

그 사람이 한 말을
그 사람이 성실하다고
· · · ·
· · · ·

여행하는 것이
일하고 생활하는 것이
· · · ·
· · · ·

호텔에서는 친절을
사람을 사귈 때 성격을
· · · ·
· · · ·

13 협업해야 합니다

14 믿습니다

15 자유롭습니다

16 중시합니다

 문장 길게 말하기 쓰지 말고 말하세요. 혼자 또는 친구들과 연습해 보세요. 예시 답안(p.165)을 참고하세요.

STEP ❶

A 일을 찾았습니다.
B 【나에게 맞는】일을 찾았습니다.
01 찾았습니다

친구를 사귀었습니다.
【   】친구를 ~
02 사귀었습니다

편견을 가집니다.
【   】편견을 ~
03 가집니다

경향이 있습니다.
【   】경향이 ~
04 있습니다

STEP ❷

A 방법을 개발했습니다.
B 【검사하는】방법을 개발했습니다.
C 【성격을 검사하는】방법을 개발했습니다.
05 개발했습니다

그 생활을 선호합니다.
【   】생활을 ~
【   】생활을 ~
06 선호합니다

방법을 알고 싶습니다.
【   】방법을 ~
【   】방법을 ~
07 알고 싶습니다

STEP ❸

A 질문을 받았습니다.
B 【어떻게 되느냐는】질문을 받았습니다.
C 【성격이 어떻게 되느냐는】질문을 받았습니다.
D 【친구한테서 성격이 어떻게 되느냐는】질문을 받았습니다.
08 받았습니다

그 사람을 이해합니다.
【   】그 사람을 ~
【   】그 사람을 ~
【   】그 사람을 ~
09 이해합니다

 문장 유형으로 말하기 혼자 또는 친구들과 연습해 보세요. 문장을 최대한 많이 말하세요. ※ p.165 답안 참고

❶ N의 목적은 ~기 위한 것입니다

A 이 검사의 목적은 적성에 맞는 직업을 찾기 위한 것입니다.
B
C

❷ N은 / ~는 것은 N에 따라서 결정됩니다

A 그 대학에 들어가는 것은 시험 결과에 따라서 결정됩니다.
B
C

❸ 전문가들은 ~다고 조언합니다

A 전문가들은 그 검사 결과를 무조건 믿으면 안 된다고 조언합니다.
B
C

❹ ~(으)면 언제든지 ~(으)ㄹ 수 있습니다

A 성격을 알고 싶으면 언제든지 인터넷에서 검사해 볼 수 있습니다.
B
C

 같은 뜻, 다른 표현으로 말하기 먼저 B에 알맞은 번호를 쓰세요. 혼자 또는 친구들과 연습해 보세요.

A
1 그 사람을 믿습니다.
2 두 사람은 어머니와 딸 사이입니다.
3 MBTI를 새로 만들었습니다.
4 하나밖에 없는 방법입니다.
5 모두 16가지로 나눌 수 있습니다.
6 자유로운 생활을 더 좋아합니다.
7 서로 도와서 일을 해야 합니다.
8 "성격이 어때요?" 라는 질문을 받습니다.
9 같은 종류끼리 모아서 나눕니다.
10 두 사람이 같이 개발했습니다.

B	
8	성격이 어떠냐는 질문을 받습니다.
	협업을 해야 합니다.
	모두 16가지로 분류됩니다.
	유형별로 분류합니다.
	그 사람을 신뢰합니다.
	두 사람은 모녀 사이입니다.
	두 사람이 공동으로 개발했습니다.
	MBTI를 개발했습니다.
	유일한 방법입니다.
	자유로운 생활을 선호합니다.

※ 혼자 연습할 때 이 부분을 가리고 말해 보세요.　▶정답 p.165

 짧은 발표 연습 Mini Presentation

01. 다음 예시 발표문을 읽으면서 연습해 보세요. 그리고 메모 카드를 만들어서 발표해 보세요.

아주 특별한 마음 여행, 템플스테이

안녕하세요? 리사입니다. 얼마 전 뉴스를 봤는데요. 이것이 사람들을 행복하게 하고 스트레스도 줄여준다는 이야기를 들었습니다. 바로 템플스테이에 대한 뉴스였습니다. 저는 오늘 이 템플스테이에 대해 발표하려고 합니다. 알고 계시겠지만 '템플스테이'란 한국의 절 문화를 체험할 수 있는 프로그램입니다. 그러면 어떤 체험을 할 수 있는지 알아보겠습니다.

첫 번째는 명상입니다. 눈을 감고 조용히 자기 마음에 집중하는 것이 명상입니다. 그리고 스님과 차를 마시면서 이야기하는 시간도 가지는데 이것을 '차담'이라고 합니다. 이 시간에는 절에 대해 여러 가지 궁금한 것을 물어 볼 수도 있고요. 고민하는 문제에 대해 조언을 구할 수도 있습니다. 이 외에도 템플스테이를 하면 사찰 음식도 맛볼 수 있고 독특한 식사 문화도 체험할 수 있습니다.

이렇게 템플스테이는 참가자들에게 특별한 체험을 할 수 있도록 해 줍니다. 구경거리를 찾아 다니는 여행이 아니라 자기 마음으로 떠나는 여행이라고 할 수 있지요. 그래서 나만의 시간을 가지고 싶어 하는 사람들에게 인기가 많습니다. 여러분은 어떠신가요? 이상으로 발표를 마치겠습니다. 오늘 제 발표를 관심 있게 들어 주셔서 정말 감사합니다.

☐ 글자수 : 598자　　☐ 시간 : 1분 30초~2분

02. 아래 예시를 참고해서 나만의 메모 카드를 직접 만들어 보세요.

1	2	3	4	5
사람들을 행복하게, 스트레스 줄여 준다	템플스테이란? 한국의 절 문화 체험	1. 명상-마음에 집중 2. 차담-스님과 차	사찰 음식 맛보기 독특한 식사 문화	자기 마음으로 떠나는 여행

 # 내 발표문 준비하기

01. 주제 알아보기_ *발표하고 싶은 주제를 골라 보세요. 주제를 직접 찾아보는 것도 좋습니다.*

세종대왕과 한글	재미있는 N 이야기 예) 커피, 빵, 돈, 축구...	다양한 민간요법	알리고 싶은 축제
'K-POP'의 세계	로봇의 현재와 미래	우리나라의 전통 음식	'나비 효과'란
Z세대의 특징	지구 온난화란?	아름다운 도시 소개	우리나라의 전통 가옥
우리나라의 명절	N의 역사	날씨와 생활 문화	N의 구조와 기능
패스트푸드와 슬로푸드	우리나라의 교육 제도	특별한 기념일	?

02. 아이디어 모으기

03. 단계별 중심 내용 구성하기 *내 발표문에 필요한 항목에 ✔ 하세요.*

도입	☐ 가벼운 질문	☐ 경험	☐ 인용	☐ 일반적 사실	☐ 뉴스	☐ ?
본론	☐ N(이)란?	☐ N의 특징	☐ N의 역사	☐ V-는 방법		
	☐ N의 종류	☐ N의 기능	☐ N의 효과	☐ N의 역할		
	☐ N의 예	☐ N의 구조	☐ N의 변화	☐ ?		
마무리	☐ 핵심 내용 정리	☐ 퀴즈 내기	☐ 마지막 메시지	☐ 감사 표현	☐ 질문 받기	

꿀팁 노트

- 어떤 것을 사람들에게 알리고 소개한다고 생각하면서 준비하면 됩니다.
- 그것에 대해 꼭 알아야 할 내용과 사람들이 잘 모르고 있는 내용을 생각해 봅니다.
- 발표자 개인의 생각보다는 객관적인 자료와 근거를 가지고 설명하는 것이 좋습니다.
- 사람들이 빨리 알아듣고 최대한 이해하기 쉽도록 설명하는 것이 중요합니다.
- 마무리할 때 내용을 정리하면서 발표자의 의견을 조금 넣는 것은 괜찮습니다.

04. 발표문 쓰고 연습하기 *예시 발표문을 참고해서 써 보세요.*

■ 나의 발표 주제: ___________________________________ ■ 발표 시간: 4분~5분

제목 : ___________________________________

확인하기
Self Check List

1. 발표문을 쓰고 피드백(feedback)을 받았습니까? ☐

2. 발표문을 5번 이상 읽으면서 연습했습니까? ☐

3. 메모 카드를 만들어서 연습했습니까? ☐

4. 발표하는 모습을 영상으로 찍었습니까? ☐

2-1 예시 발표문

내용구성	도입	→	본문	→	마무리
	• 시작 인사 • 도입-조사 결과 • 발표 주제 소개		1. 해외 취업을 준비하는 방법 첫째, 둘째, 셋째, 넷째 2. 핵심 내용 강조		1. 내용 정리 2. 마지막 메시지 3. 감사 인사

해외에서 일자리 찾기, 어렵지 않아요!

1 도입

안녕하세요? 저는 레오입니다. 얼마 전 한 설문조사 결과를 봤는데요. 취업을 준비하는 구직자 10명 중, 8명이 해외 취업을 원하는 것으로 나타났습니다. 그런데 실제로 취업하는 경우는 2명 정도에 불과했다고 합니다. 왜 그럴까요? 오늘 저는 해외 취업을 준비하는 방법에 대해 발표하려고 합니다.

2 방법

모든 일에는 준비가 필요하지만 특히, 해외 취업은 준비를 철저히 해야 합니다. 그러면 어떤 준비를 해야 하는지 살펴볼까요? 가장 먼저 해야 할 일은 정보를 찾는 것입니다. 해외 취업은 정보가 생명입니다. 원하는 나라에서 일하려면 어떤 조건을 갖춰야 하는지 알아봐야 합니다. 왜냐하면 나라마다 비자 받는 방법이나 사람을 뽑는 기준이 다를 수 있기 때문입니다.

두 번째는 해외 취업 관련 인터넷 모임에 참여하는 것입니다. 이미 해외 취업에 성공한 사람들, 그리고 취업을 준비하는 사람들의 이야기를 들어보는 것이 중요한데요. 그러기 위해서는 글로벌 네트워크 플랫폼(Global Network Platform)을 적극적으로 활용해야 합니다. 여기에서 정말 유용한 정보를 얻었다는 사람들이 많습니다. 세 번째는 채용 사이트를 자주 검색하는 것입니다. 가고 싶은 나라의 구직자들이 많이 이용하는 사이트를 찾아서 즐겨찾기를 해 두는 겁니다. 그다음에는 새로운 채용 공고가 있는지 매일 확인해 봐야 합니다. 만약 공고가 있으면 조건들을 꼼꼼하게 읽어봐야 합니다. 마지막으로 컴퓨터 앞에만 있지 말고 밖으로 나가라고 말씀드리고 싶습니다. 취업에 성공한 사람들의 말을 들어 보면 다양한 경험을 해 본 것이 도움이 되었다고 합니다. 스펙도 중요하지만 나만의 경험을 쌓는 것이 필요합니다. 또, 기회가 되면 취업 박람회에 직접 가서 여러 회사들을 살펴보는 것도 좋습니다.

3 핵심 내용 강조

해외 취업은 외국어 실력이 뛰어난 사람만 할 수 있는 건 아닙니다. 적극적으로 찾는 사람들이라면 누구나 기회를 얻을 수 있습니다. 해외에서 일하는 것은 어려움도 있지만 장점도 많습니다. 새로운 언어와 문화를 배우고 세계 무대에서 자신의 능력을 발휘할 수 있습니다. 포기하지 말고 도전해 보시기 바랍니다.

4 마무리

저는 지금까지 해외 취업을 준비하는 방법에 대해 말씀드렸습니다. 정보를 찾고, 해외 취업 네트워크를 활용하는 것이 무엇보다 중요합니다. 마지막으로 한 가지만 더 말씀드리면, 꼭 필요한 게 자신감인데요. 안 될 거라는 생각을 버려야 합니다. 언젠가는 될 겁니다. 그렇게 믿고 항상 자신을 응원해 주세요. 이상으로 발표를 마치겠습니다. 오늘 저에게 큰 응원을 보내 주신 여러분께 진심으로 감사드립니다.

▸ 글자수 : 1268자
▸ 시 간 : 4분~5분

크게 읽으세요!

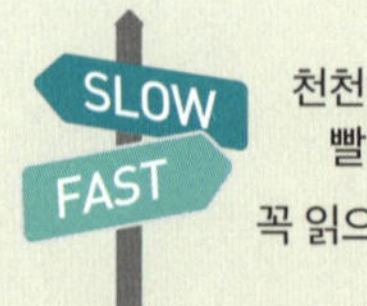

천천히 3번
빨리 3번
꼭 읽으세요!!

나의 속도

1번	______분 ______초
2번	______분 ______초
3번	______분 ______초

	A 질문	※ N 명사 V 동사 A 형용사 ( ) 글자 수		**B 대답**
1	회사에서 필요한 사람을 뽑는 것을 무엇이라고 합니까?	※ 2글자 명사입니다.	N(2)	'채용'이라고 합니다.
2	일자리를 찾는 사람들을 무엇이라고 합니까?		N(3)	
3	다른 나라에서 일자리를 구하는 것을 무엇이라고 합니까?		N(4)	
4	'힘 내세요' 라고 말하는 것을 무엇이라고 합니까?		V(4)	
5	필요한 정보를 컴퓨터에서 찾아보는 것을 무엇이라고 합니까?		V(4)	
6	능력이나 실력을 보여주는 것을 무엇이라고 합니까?		V(4)	
7	자신의 능력을 보여줄 수 있는 학력, 경력, 자격증 등을 무엇이라고 합니까?		N(2)	
8	취업에 필요한 모든 것을 한 자리에서 볼 수 있는 행사를 무엇이라고 합니까?		N(5)	
9	회사에서 직원을 뽑기 위해 게시판에 올리는 안내문을 무엇이라고 합니까?		N(4)	
10	어떤 주제에 대해 여러 사람에게 물어봐서 조사하는 것을 무엇이라고 합니까?		N(4)	

▶ 정답 p.165

01 경험을

해야 합니다.
쌓았습니다.
· · · ·
· · · ·

02 정보를

검색해 봤습니다.
활용해야 합니다.
· · · ·
· · · ·

03 준비가

필요합니다.
잘 되어 있습니다.
· · · ·
· · · ·

04 해외에서

일하려고 합니다.
살고 싶습니다.
· · · ·
· · · ·

05 만약

복권에 당첨된다면
우주여행을 할 수 있다면
· · · ·

06 꼼꼼하게

살펴봐야 합니다.
확인해야 합니다.
· · · ·

07 철저히

준비하고 있습니다.
조사하고 있습니다.
· · · ·

08 적극적으로

활용해야 합니다.
알아 봐야 합니다.
· · · ·

해외 취업을
꿈을 이루기를
· · · ·

졸업하자마자 대기업에
내가 원하는 회사에
· · · ·

새로운 일에
태권도 배우기에
· · · ·

승진을
춤 배우는 것을
· · · ·

09 원합니다

10 취업했습니다

11 도전합니다

12 포기합니다

해외취업에
그 목표를 이루는 데
· · · ·

친구가 잘 되기를
해외 취업에 성공하기를
· · · ·

겨울이 지나고 봄이
졸업 후 사장님이
· · · ·

즐겨찾기를
음식 준비를
· · · ·

13 성공했습니다

14 응원합니다

15 되었습니다

16 해 둡니다

STEP ❶

A 능력이 뛰어납니다
B 【일하는】능력이 뛰어납니다.

01 뛰어납니다

생각을 버려야 합니다.
【   】생각을 ~

02 버려야 합니다

기회를 얻었습니다.
【   】기회를 ~

03 얻었습니다

시험을 준비합니다.
【   】시험을 ~

04 준비합니다

STEP ❷

A 정보를 살펴봅니다
B 【취업에 대한】정보를 살펴봅니다
C 【인터넷에서 취업에 대한】정보를 살펴봅니다

05 살펴봅니다

물건을 검색합니다.
【   】물건을 ~
【   】물건을 ~

06 검색합니다

이 앱을 활용합니다.
【   】앱을 ~
【   】앱을 ~

07 활용합니다

STEP ❸

A 모임에 참여합니다
B 【외국 학생】모임에 참여합니다
C 【한국에 사는 외국 학생】모임에 참여합니다
D 【매달 한국에 사는 외국 학생】모임에 참여합니다

08 참여합니다

이야기를 들었습니다.
【   】이야기를 ~
【   】이야기를 ~
【   】이야기를 ~

09 들었습니다

❶ ~지
확인해 봐야 합니다

A 어떤 것이 필요한지 확인해 봐야 합니다.
B
C

❷ N이라면 누구나
~(으)ㄹ 수 있습니다

A 적극적으로 찾는 사람들이라면 누구나 기회를 얻을 수 있습니다.
B
C

❸ ~는 것이
무엇보다 중요합니다

A 해외 취업 네트워크를 활용하는 것이 무엇보다 중요합니다.
B
C

❹ ~지 말고
~기 바랍니다

A 미리 포기하지 말고 도전해 보시기 바랍니다.
B
C

 같은 뜻, 다른 표현으로 말하기 먼저 B에 알맞은 번호를 쓰세요. 혼자 또는 친구들과 연습해 보세요.

A
1 다른 것보다 더 중요합니다.
2 성공한 사람들의 말을 들어 보면
3 해외 취업할 때 정보가 아주 중요합니다.
4 외국어를 아주 잘합니다.
5 자세하게 읽어 봐야 합니다.
6 완벽하게 준비해야 합니다.
7 사람을 뽑는 기준이 다를 수 있습니다.
8 해외에서 일하는 것은 힘듭니다.
9 2명 정도로 아주 적었다고 합니다.
10 도움이 되는 정보를 얻었다고 합니다.

B	
2	성공한 사람들의 말에 따르면
	채용 기준이 다를 수 있습니다.
	무엇보다 중요합니다.
	유용한 정보를 얻었다고 합니다.
	해외 취업은 정보가 생명입니다.
	2명 정도에 불과했다고 합니다.
	해외에서 일하는 것은 어려움이 있습니다.
	철저히 준비해야 합니다.
	외국어 실력이 뛰어납니다.
	꼼꼼하게 읽어 봐야 합니다.

※ 혼자 연습할 때 이 부분을 가리고 말해 보세요.　▶정답 p.166

 짧은 발표 연습 Mini Presentation

01. 다음 예시 발표문을 읽으면서 연습해 보세요. 그리고 메모 카드를 만들어서 발표해 보세요.

잠이 보약! 꿀잠 자는 방법

안녕하세요? 마리아입니다. 매년 3월 둘째 주 금요일이 무슨 날인지 아세요? 바로 세계 수면의 날입니다. 불면증 때문에 힘들어하는 사람도 많다던데 여러분은 잠을 잘 자는 편입니까? 저는 오늘 잠을 잘 자는 방법, 즉 꿀잠 자는 방법에 대해 말씀드리겠습니다.

꿀잠, 숙면이라고도 하는데요. 숙면이란 깊고 편안하게, 푹~ 자는 것을 말합니다. 숙면을 하기 위해서는 먼저 매일 같은 시간에 자고 같은 시간에 일어나는 것이 좋습니다. 이렇게 해야 수면 리듬을 유지할 수 있습니다. 다음으로 낮에 햇빛이 있을 때 잠깐이라도 산책하거나 운동해야 합니다. 햇빛을 받으면 잠을 잘 잘 수 있다고 합니다. 마지막으로 잠들기 2시간 전에는 전자 제품을 쓰지 않아야 합니다. 스마트폰이나 태블릿에서 나오는 빛이 숙면을 방해하기 때문입니다. 실제로 침대에서 스마트폰을 보는 습관이 있으면 수면의 질이 떨어진다는 연구 결과도 있습니다.

오늘 저는 꿀잠 자는 방법에 대해 말씀드렸습니다. 잠을 잘 못 주무시는 분들에게 도움이 되었으면 좋겠습니다. 이상으로 발표를 마치겠습니다. 제 발표에 집중해 주셔서 정말 감사합니다.

　☐ 글자수 : 559자　　☐ 시간 : 1분 30초~2분

02. 아래 예시를 참고해서 나만의 메모 카드를 직접 만들어 보세요.

1	2	3	4	5
3월 둘째 주 금요일 세계 수면의 날 꿀잠 자는 방법	숙면이란? 깊고 편하게 방법 1. 같은 시간에 자고, 일어나기	2. 햇빛이 있을 때 산책하거나 운동	3. 잠들기 2시간 전 전자 제품 쓰지 않기 -숙면 방해	잠을 잘 못 주무시는 분께 도움이 되었으면

01. 주제 알아보기_ *발표하고 싶은 주제를 골라 보세요. 주제를 직접 찾아보는 것도 좋습니다.*

대화 잘하는 법	외국어 빨리 배우는 방법	슬기로운 N생활 (학교, 취미, 직장, SNS ...)	나만의 공부 습관 만들기
에너지 절약하는 방법	반려동물과 잘 지내는 법	여행 준비하는 방법	시간 관리 잘하는 방법
친구 관계 유지하는 방법	스트레스 관리하는 방법	N을 이용하는 방법	직업 선택 잘하는 법
유학 생활 잘하는 법	면접 잘 보는 방법	돈 모으는 방법	건강하게 사는 비결
계획을 실천하는 방법	건강하게 다이어트하는 법	전문가가 되는 방법	?

02. 아이디어 모으기

03. 단계별 중심 내용 구성하기 *내 발표문에 필요한 항목에 ✔ 하세요.*

도입	☐ 가벼운 질문	☐ 경험	☐ 인용	☐ 일반적 사실	☐ 뉴스	☐ ?
본론	☐ 배경	☐ 방법 1	☐ 방법 2	☐ 방법 3		
	☐ 이유	☐ 근거	☐ 구체적인 예	☐ 주변의 경험		
	☐ 가장 중요한 것	☐ 자세와 태도	☐ 나의 메시지	☐ ?		
마무리	☐ 핵심 내용 정리	☐ 퀴즈 내기	☐ 마지막 메시지	☐ 감사 표현	☐ 질문 받기	

꿀팁노트

- 방법을 몇 가지로 정리할 수 있을지 생각해 봐야 합니다. 보통 2-3가지 정도 하면 좋습니다.
- '방법'에 관한 내용은 구체적으로 설명해야 합니다.
- 그 방법을 선택한 이유와 근거를 잘 설명해야 합니다.
- 더 자세한 설명이 필요하면 예를 들어 설명합니다.
- 방법을 다 제시한 다음에는 그 방법에 대해 자신의 생각을 말하는 것도 좋습니다.

■ 나의 발표 주제: ■ 발표 시간: 4분~5분

제목 :

발표문 쓰기 → 피드백 → 읽고 연습하기 → 피드백 → 녹음하기 → 피드백 → 녹화하기 → 피드백 → 발표하기

확인하기
Self Check List

1. 발표문을 쓰고 피드백(feedback)을 받았습니까? ☐
2. 발표문을 5번 이상 읽으면서 연습했습니까? ☐
3. 메모 카드를 만들어서 연습했습니까? ☐
4. 발표하는 모습을 영상으로 찍었습니까? ☐

N의 조건

3-1 예시 발표문

내용구성	도 입	➡	본 문	➡	마무리
	• 시작 인사 • 도입 - 신문 기사 내용 • 발표 주제 소개		1. 살기 좋은 도시의 조건 첫 번째, 두 번째, 세 번째, 마지막 2. 최근 경향 - 노력하는 방향		1. 중심 내용 정리 2. 마지막 메시지 강조 3. 감사 인사

내가 꿈꾸는 도시의 조건

1
도입

안녕하세요? 저는 줄리앙입니다. 영국의 한 조사기관에서는 매년 세계에서 가장 살기 좋은 도시의 순위를 발표합니다. 지금 여러분이 살고 있는 도시가 몇 위인지 궁금하다면 확인해 보셔도 됩니다. 그런데 사람마다 각자 살고 싶은 도시는 다르지 않을까요? 저는 오늘 제가 생각하는, 살고 싶은 도시의 조건에 대해 발표하려고 합니다.

2
조건

제가 생각하는 첫 번째 조건은 주변 환경이 아름답고 깨끗한 도시입니다. 나무가 많고, 공기가 맑고, 거리가 깨끗한 도시는 누구나 살고 싶어 하는 곳입니다. 이런 도시에서는 야외 활동을 마음껏 즐길 수 있습니다. 그리고 집 근처 어디에나 산책할 수 있는 곳이 많습니다. 우리가 꿈꾸는 건강한 도시라고 할 수 있죠! 두 번째 조건은 편의시설이 잘 갖추어진 도시입니다. 병원, 학교, 도서관 같은 시설이 잘 되어 있어야 합니다. 아플 때 빠르게 치료받을 수 있어야 하고요. 아이들은 좋은 교육을 받을 수 있어야 합니다. 그래야 삶의 질도 높아집니다. 세 번째로 중요한 조건은 안전입니다. 우선 범죄가 적어야 합니다. 그러면 밤에도 안전하게 다닐 수 있고, 아이들이 혼자 다녀도 걱정을 덜 하게 됩니다. 그리고 요즘 기후변화로 자연재해가 많이 일어납니다. 지진이나 홍수에도 잘 대비하고 있는 도시라야 안심할 수 있습니다. 마지막으로 교통이 편리한 도시입니다. 도로나 대중교통 시스템이 잘 되어 있어야 이동하는 시간이 줄어듭니다. 출퇴근할 때마다 교통지옥을 경험하는 분들은 이게 얼마나 중요한지 잘 아실 겁니다.

3
최근 경향

그런데, 여러분! 좋은 조건을 모두 갖춘 완벽한 도시가 과연 얼마나 있을까요? 게다가 그런 곳은 집 사기도 어렵고 생활비도 비쌀 겁니다. 그래서 사람들은 이런 도시를 찾아가기보다 내가 살고 있는 도시 환경을 개선하는 쪽을 선택하고 있습니다. 특히 요즘에는 친환경 도시를 만들기 위해 노력하고 있는데요. 예를 들면 공원도 더 많이 만들고, 자전거 도로도 확대하는 도시가 많습니다.

4
마무리

오늘 저는 살기 좋은 도시의 조건 네 가지를 말씀드렸습니다. 최고의 도시는 역시 깨끗하고 생활 시설이 잘 되어 있고, 또 안전하고 교통이 편리한 도시가 아닐까요? 이런 도시를 만드는 것은 무엇보다 시민들의 노력에 달려있다고 생각합니다. 살기 좋은 도시의 순위는 해마다 바뀝니다. 5년 후, 10년 후 여러분이 살고 있는 도시는 몇 위에 있을지, 어떻게 변했을지 상상해 보시기 바랍니다. 이상으로 발표를 마치겠습니다. 저는 오늘 여러분 덕분에 편안하게 발표할 수 있었습니다. 정말 감사합니다.

▶ 글자수 : 1240자
▶ 시　간 : 4분~5분

크게 읽으세요!

SLOW
FAST

천천히 3번
빨리 3번
꼭 읽으세요!!

나의 속도

	1번	____분 ____초
	2번	____분 ____초
	3번	____분 ____초

	A 질문	※ N 명사 V 동사 A 형용사 ( ) 글자 수		**B 대답**
1	길이 심하게 막히는 것을 무엇이라고 합니까?	※ *4글자 명사입니다.*	N(4)	'교통체증'이라고 합니다.
2	버스, 지하철 같이 많은 사람들이 이용하는 교통수단을 무엇이라고 합니까?		N(4)	
3	공원, 약국, 편의점 등 생활에 필요한 시설을 무엇이라고 합니까?		N(4)	
4	지진, 태풍, 가뭄 같은 것을 무엇이라고 합니까?		N(4)	
5	비가 너무 많이 와서 집, 도로가 물에 잠기는 것을 무엇이라고 합니까?		N(2)	
6	잘못된 점이나 문제점을 고치는 것을 무엇이라고 합니까?		V(4)	
7	산책, 조깅, 자전거 타기 등 밖에서 하는 활동을 무엇이라고 합니까?		N(4)	
8	어떤 문제가 생길 것을 알고 미리 준비하는 것을 무엇이라고 합니까?		V(4)	
9	사람을 다치게 하거나 속이는 등 다른 사람에게 피해를 주는 행동을 무엇이라고 합니까?		N(2)	
10	환경 오염이 적고 주변의 자연환경과 잘 어울리는 도시를 어떻게 말합니까?		N(5)	

▶ 정답 p.166

3-3 **어휘 활용 말하기** *다양한 표현을 생각해 보고 최대한 많이 말하세요.*

01 시간이	**02 시간을**	**03 조건이**	**04 조건을**
없습니다. 납니다. · · · ·	낼 수 있습니다 줄일 수 있습니다. · · · ·	까다롭습니다. 많습니다. · · · ·	알아 봐야 합니다. 갖춰야 합니다. · · · ·

05 누구나	**06 얼마나**	**07 안전하게**	**08 마음껏**
부자가 되고 싶어 합니다. 할 수 있습니다. · · · ·	중요한지 압니다. 힘든지 모릅니다. · · · ·	놀 수 있습니다. 다닐 수 있습니다. · · · ·	먹을 수 있습니다. 즐길 수 있습니다. · · · ·

삶의 질이 교육의 질이 · · · ·	대학교에 유명한 회사에 · · · ·	이동하는 시간이 여행 가는 사람이 · · · ·	편의 시설이 대중교통 시스템이 · · · ·
09 높아집니다	**10 다닙니다**	**11 줄어듭니다**	**12 잘 되어 있습니다**

주변 환경을 불편한 점을 · · · ·	자연재해에 나라마다 인구 감소에 · · · ·	아픈 이별을 가난과 외로움을 · · · ·	어떻게 변했을지 얼마나 재미있을지 · · · ·
13 개선해야 합니다	**14 대비하고 있습니다**	**15 경험했습니다**	**16 상상합니다**

 문장 길게 말하기 쓰지 말고 말하세요. 혼자 또는 친구들과 연습해 보세요. 예시 답안(p.166)을 참고하세요.

STEP ❶

A 범죄가 적습니다.
B 【청소년】범죄가 적습니다.

01 적습니다

공원을 만듭니다.
【   】공원을 ~

02 만듭니다

투자를 확대합니다.
【   】투자를 ~

03 확대합니다

직업을 선택했습니다.
【   】직업을 ~

04 선택했습니다

STEP ❷

A 자연재해가 일어납니다
B 【지진, 홍수 같은】자연재해가 일어납니다
C 【매년 지진, 홍수 같은】자연재해가 일어납니다

05 일어납니다

순서를 확인했습니다.
【   】순서를 ~
【   】순서를 ~

06 확인했습니다

교육을 받아야 합니다.
【   】교육을 ~
【   】교육을 ~

07 받아야 합니다

STEP ❸

A 모습이 바뀝니다
B 【도시의】모습이 바뀝니다.
C 【오래된 도시의】모습이 바뀝니다
D 【불편하고 오래된 도시의】모습이 바뀝니다

08 바뀝니다

편의시설을 갖추고 있습니다.
【   】편의시설을 ~
【   】편의시설을 ~
【   】편의시설을 ~

09 갖추고 있습니다

 문장 유형으로 말하기 혼자 또는 친구들과 연습해 보세요. 문장을 최대한 많이 말하세요. ※p.166 답안 참고

❶ 첫 번째 조건은 N입니다

A 첫 번째 조건은 아름답고 깨끗한 도시입니다.
B
C

❷ N은 누구나 ~아/어 하는 N입니다

A 깨끗한 도시는 누구나 살고 싶어 하는 곳입니다.
B
C

❸ N(이)라야/~아/어야 ~(으)ㄹ 수 있습니다.

A 자연재해에 잘 대비하고 있는 도시라야 안심할 수 있습니다.
B
C

❹ ~는 것은 N에 달려 있습니다.

A 아름다운 도시를 만드는 것은 시민들의 노력에 달려 있습니다.
B
C

A	
1	범죄가 적어야 합니다
2	비나 눈이 많이 와서 큰 문제가 생깁니다.
3	자전거 도로를 더 많이 만들고 있습니다.
4	더 행복하고 편안하게 살 수 있게 됩니다.
5	필요한 것들을 모두 가지고 있습니다.
6	좋은 교육을 받을 수 있습니다.
7	출근할 때마다 교통이 복잡해서 너무 힘듭니다.
8	알고 싶으면 찾아보시기 바랍니다.
9	환경을 보호하기 위해 노력하는 도시입니다.
10	버스, 지하철 등을 이용할 때 편리해야 합니다.

B	
4	삶의 질이 높아집니다.
	친환경 도시입니다.
	범죄율이 낮아야 합니다
	궁금하면 확인해 보시기 바랍니다.
	자연재해가 일어납니다.
	자전거 도로를 확대하고 있습니다.
	대중교통 시스템이 잘 되어 있어야 합니다.
	출근할 때마다 교통지옥을 경험합니다.
	조건을 모두 갖추고 있습니다.
	양질의 교육을 받을 수 있습니다.

※ 혼자 연습할 때 이 부분을 가리고 말해 보세요.　▶정답 p.166

3-7　짧은 발표 연습 Mini Presentation

01. 다음 예시 발표문을 읽으면서 연습해 보세요. 그리고 메모 카드를 만들어서 발표해 보세요.

나에게 좋은 친구란?

안녕하세요? 저는 아리입니다. 좋은 친구는 우리 인생에 빛과 같다는 말이 있습니다. 오늘 저는 좋은 친구의 조건에 대해 발표하겠습니다.

저는 좋은 친구의 첫 번째 조건은 약속을 잘 지키는 것이라고 생각합니다. 약속을 어기면 그 친구를 믿을 수 없게 됩니다. 그래서 좋은 관계를 유지하기 어렵습니다. 다음으로 좋은 친구란 솔직한 친구입니다. 저는 자신의 감정이나 행동에 대해 솔직하게 이야기하는 친구가 좋습니다. 그래야 대화도 잘 되고 더 친해질 수 있습니다. 마지막으로 어려울 때 도와줄 수 있는 친구를 좋은 친구로 꼽고 싶습니다. 좋을 때만 같이 있는 친구는 진정한 친구가 아닙니다. 힘든 문제가 있을 때 같이 고민하고 도움을 주는 친구가 좋은 친구 아닐까요?

저는 오늘 좋은 친구의 조건에 대해 발표했습니다. 그런데 좋은 친구를 가까이 두기 위해서는 내가 먼저 좋은 친구가 되어야 합니다. 오늘 여러분 옆에 있는 친구는 어떤 친구인지, 또 나는 그 친구에게 어떤 사람인지 한번 생각해 보시기 바랍니다. 이상으로 발표를 마치겠습니다. 오늘 제 이야기에 적극적으로 호응해 주셔서 정말 감사합니다.

☐ 글자수 : 561자　　☐ 시간 : 1분 30초~2분

02. 아래 예시를 참고해서 나만의 메모 카드를 직접 만들어 보세요.

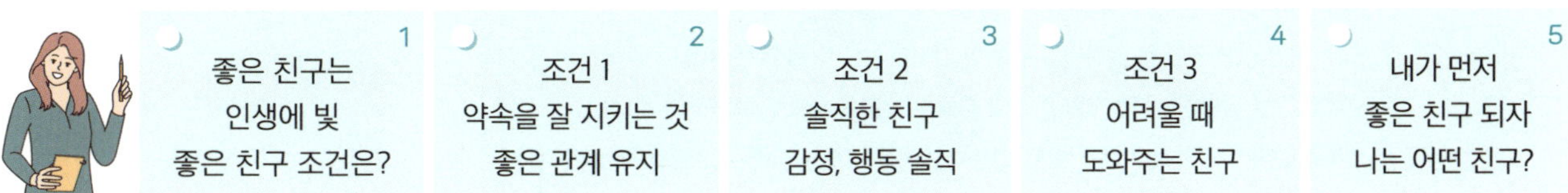

 내 발표문 준비하기

01. 주제 알아보기_ 발표하고 싶은 주제를 골라 보세요. 주제를 직접 찾아보는 것도 좋습니다.

좋은 SNS의 조건	즐거운 여행의 조건	행복의 조건	글로벌 인재의 조건
좋은 집의 조건	인기 있는 유튜버의 조건	좋은 배우자의 조건	좋은 선생님이란?
좋은 학교의 조건	좋은 리더의 조건	성공의 조건	좋은 부모의 조건
건강한 음식의 조건	장수의 조건	좋은 직장의 조건	살기 좋은 나라의 조건
상업용 로봇의 조건	좋은 영화의 조건	좋은 취미 생활의 조건	?

02. 아이디어 모으기

03. 단계별 중심 내용 구성하기 내 발표문에 필요한 항목에 ✔ 하세요.

도입	☐ 가벼운 질문	☐ 경험	☐ 인용	☐ 일반적 사실	☐ 뉴스	☐ ?
본론	☐ 조건 1	☐ 조건 1 - 이유	☐ 조건 1 - 근거	☐ 조건 2		
	☐ 조건 2 - 이유	☐ 조건 2 - 근거	☐ 조건 3	☐ 조건 3 - 이유		
	☐ 조건 3 - 근거	☐ 구체적인 예	☐ 최근 경향	☐		
마무리	☐ 핵심 내용 정리	☐ 퀴즈 내기	☐ 마지막 메시지	☐ 감사 표현	☐ 질문 받기	

꿀팁노트
- 먼저 주제에 맞는 조건을 2-3가지로 정리해야 합니다.
- 4가지 이상의 조건을 말하면 청중들이 기억하기도 어렵고 내용이 너무 복잡해집니다.
- 각 조건을 말한 다음 왜 그런 조건이 중요한지 구체적으로 설명해야 합니다.
- 예를 들어 설명하거나 객관적 자료를 제시하면 청중들의 공감을 얻을 수 있습니다.
- 필요한 조건은 사람마다 다를 수 있기 때문에 청중을 설득하려면 적절한 근거를 제시해야 합니다.

04. 발표문 쓰고 연습하기 *예시 발표문을 참고해서 써 보세요.*

■ 나의 발표 주제: ________________________　　　　　■ 발표 시간: 4분~5분

제목 : ________________________

발표문 쓰기 → 피드백 → 읽고 연습하기 → 피드백 → 녹음하기 → 피드백 → 녹화하기 → 피드백 → 발표하기

4-1 예시 발표문

내용구성	도 입	➡	본 문	➡	마무리
	• 시작 인사 • 도입- 질문하기 • 발표 주제소개		1. 다문화 사회의 장점 2가지 2. 다문화 사회의 단점 2가지 3. 단점 개선 방향		1. 내용 정리 2. 핵심 내용 강조 3. 감사 인사

모두가 행복한 다문화 사회를 위해

1 도입

안녕하세요? 저는 히엔입니다. 여러분, 외국인이 전체 인구의 몇 %를 넘으면 다문화 사회라고 할 수 있을까요? 보통 5%라고 합니다. 이런 다문화 사회는 갈수록 늘어나고 있습니다. 우리는 피부색도 다르고 언어, 문화, 종교가 다른 사람들과 함께 살아가고 있습니다. 그래서 저는 오늘 다문화 사회의 장점과 단점에 대해서 발표하려고 합니다.

2 장점

먼저 다문화 사회의 가장 큰 장점은 다양성이 있다는 것입니다. 서로 다른 언어와 문화를 가진 사람들이 함께 살면 특별한 경험을 할 수 있습니다. 새로운 언어를 배울 기회도 많아지고 보고 듣는 것이 풍부해집니다. 그리고 문화 교류도 더 활발하게 이루어집니다. 이러한 다양성은 사회 발전에도 긍정적인 영향을 줍니다. 다음으로 경제적인 부분을 빼놓을 수 없겠죠? 사회 구성원이 다양해지면 거기에 맞는 비즈니스가 생기기 마련입니다. 예를 들면 물건을 수입하거나 수출하는 일이 증가합니다. 따라서 국제 무역도 활발해지고 새로운 일자리도 생깁니다. 그리고 기업들은 글로벌 인재들을 구하기가 쉬워집니다.

3 단점

반면에 단점도 있습니다. 다양성 안에는 많은 차이가 있습니다. 이 차이는 장점이 되기도 하지만 갈등의 원인이 되기도 합니다. 우선 언어 차이는 소통을 어렵게 합니다. 그리고 문화 차이는 오해와 갈등을 일으킵니다. 이런 것들이 쌓이면 사회 문제가 될 수도 있습니다. 또 하나는 경제적 부담이 크다는 단점이 있습니다. 다문화 사회를 잘 유지하려면 비용이 많이 듭니다. 언어 교육, 문화 교육을 따로 지원해야 하기 때문입니다. 또한 의료 복지, 주택 마련 같은 공공서비스도 확대해야 합니다.

4 단점 개선 방향

하지만 다문화 사회는 단점보다 장점이 많다고 생각합니다. 사회가 발전하려면 다양성이라는 장점을 잘 살려야 합니다. 그리고 다른 문화에 대해 서로 존중하는 마음을 가져야 합니다. 또한 차별이 없어야 합니다. 차별을 없애기 위해서는 정부가 나서서 다문화 사회에 맞는 정책을 개발해야 할 것입니다. 이렇게 시민들과 정부가 같이 노력해서 모두가 행복한 사회를 만들어 가면 좋겠습니다.

5 마무리

지금까지 다문화 사회의 장점과 단점을 말씀드렸습니다. 지구촌이 더 가까워지고 있어서 이민이나 국제결혼, 유학, 해외 취업은 갈수록 많아질 겁니다. 좋든, 싫든 다문화 사회는 피할 수 없는 우리의 미래입니다. 이제부터 우리가 앞장서서 행복한 다문화 사회를 위해 노력하면 어떨까요? 이상으로 발표를 마치겠습니다. 잘 들어 주시고 공감해 주신 여러분께 진심으로 감사드립니다.

▸ 글자수 : 1220자
▸ 시 간 : 4분~5분

크게 읽으세요!

천천히 3번
빨리 3번
꼭 읽으세요!!

나의 속도

| | 1번 _____ 분 _____ 초 |
| 2번 _____ 분 _____ 초 |
| 3번 _____ 분 _____ 초 |

4-2 어휘 설명하기 *친구와 같이 연습해 보세요. 힌트(글자수, 품사)를 줘도 됩니다.*

	A 질문	※ N 명사 V 동사 A 형용사 ( ) 글자 수		**B 대답**
1	그 일에 필요한 사람을 찾는 것을 무엇이라고 합니까?	※ *3글자 동사입니다.*	V(3)	'구하다'라고 합니다.
2	서로 싫어하거나 싸우는 것을 무엇이라고 합니까?		N(2)	
3	서로의 생각을 말하고 대화하는 것을 무엇이라고 합니까?		N(2)	
4	어떤 것에 대해 잘못 알고 있는 것을 무엇이라고 합니까?		N(2)	
5	어떤 것의 좋은 점, 편리한 점을 무엇이라고 합니까?		N(2)	
6	편리하게 살 수 있도록 국가에서 제공하는 서비스를 무엇이라고 합니까?		N(5)	
7	나라, 남녀, 나이, 직업 등에 따라 사람을 다르게 대하는 것을 무엇이라고 합니까?		N(2)	
8	다른 나라에 물건을 파는 것을 무엇이라고 합니까?		V(4)	
9	어떤 것의 나쁜 점, 불편한 점을 무엇이라고 합니까?		N(2)	
10	한 나라나 지역에 사는 사람의 수를 무엇이라고 합니까?		N(2)	

▶ 정답 p.166

4-3 어휘 활용 말하기 *다양한 표현을 생각해 보고 최대한 많이 말하세요.*

01 소통이

잘 돼야 합니다.
원활해집니다

02 갈등을

일으킬 수 있습니다.
풀어야 합니다.

03 경험이

별로 없습니다.
풍부해집니다.

04 차별을

받습니다.
싫어합니다.

05 기회를

잡았습니다
놓쳤습니다.

06 앞장서서

노력해야 합니다.
실천해야 합니다.

07 갈수록

늘어나고 있습니다.
심해지고 있습니다.

08 활발하게

교류하고 있습니다
움직이고 있습니다

피부색이
문화적 배경이

09 다양합니다

사람들의 꿈이
노력하면 목표가

10 이루어집니다

갈등과 오해가
스트레스가

11 쌓입니다

사회 발전에 긍정적인
경제 발전에 나쁜

12 영향을 줍니다

글로벌 인재를
이사할 집을

13 구합니다

우리 사회가
과학 기술이

14 발전합니다

교육 비용을
문화 체험 비용을

15 지원합니다

건강을
원만한 인간관계를

16 유지합니다

 문장 길게 말하기 쓰지 말고 말하세요. 혼자 또는 친구들과 연습해 보세요. 예시 답안(p.166)을 참고하세요.

STEP ❶

A 언어가 다릅니다.
B 【사용하는】 언어가 다릅니다.
01 다릅니다

관광객이 늘어납니다.
【   】 관광객이 ~
02 늘어납니다

일자리가 생겼습니다.
【   】 일자리가 ~
03 생겼습니다

영향을 줍니다.
【   】 영향을 ~
04 줍니다

STEP ❷

A 갈등을 일으킵니다.
B 【문화 차이로】 갈등을 일으킵니다.
C 【언어와 문화 차이로】 갈등을 일으킵니다.
05 일으킵니다

비용이 듭니다.
【   】 비용이 ~
【   】 비용이 ~
06 듭니다

정책을 개발해야 합니다.
【   】 정책을 ~
【   】 정책을 ~
07 개발해야 합니다

STEP ❸

A 기회가 많습니다.
B 【만날】 기회가 많습니다.
C 【외국 사람을 만날】 기회가 많습니다.
D 【주변에서 외국 사람을 만날】 기회가 많습니다.
08 많습니다

마음을 가져야 합니다.
【   】 마음을 ~
【   】 마음을 ~
【   】 마음을 ~
09 가져야 합니다

 문장 유형으로 말하기 혼자 또는 친구들과 연습해 보세요. 문장을 최대한 많이 말하세요. ※ p.167 답안 참고

❶ N의 장점은
~다는 것입니다

A 다문화 사회의 장점은 다양성이 있다는 것입니다.
B
C

❷ ~다는 것이
단점입니다

A 언어가 다르면 소통하기 어렵다는 것이 단점입니다.
B
C

❸ ~(으)면
~기 마련입니다

A 사회 구성원이 다양해지면 새로운 비즈니스가 생기기 마련입니다.
B
C

❹ ~(으)려면
비용이 많이 듭니다

A 다문화 사회를 잘 유지하려면 비용이 많이 듭니다.
B
C

	A
1	문화 교류가 잘 됩니다.
2	좋은 영향을 줍니다.
3	돈이 많이 듭니다.
4	언어가 달라서 말이 잘 안 통합니다.
5	문화 차이 때문에 오해와 갈등이 생깁니다.
6	능력 있는 사람들을 찾기가 쉬워집니다.
7	좋아도 싫어도 무조건 해야 합니다.
8	경제적인 것도 중요한 부분입니다.
9	반대로 단점도 있습니다.
10	우리가 다른 사람들보다 먼저 노력해야 합니다.

	B
9	반면에 단점도 있습니다.
	인재들을 구하기가 쉬워집니다.
	경제적인 부분도 빼놓을 수 없습니다.
	경제적 부담이 큽니다.
	좋든, 싫든 해야 합니다.
	문화 교류가 활발하게 이루어집니다.
	긍정적인 영향을 미칩니다.
	우리가 앞장서서 노력해야 합니다.
	문화 차이는 오해와 갈등을 일으킵니다.
	언어 차이는 소통을 어렵게 합니다.

※ 혼자 연습할 때 이 부분을 가리고 말해 보세요.　▶정답 p.167

4-7 **짧은 발표 연습** Mini Presentation

01. 다음 예시 발표문을 읽으면서 연습해 보세요. 그리고 메모 카드를 만들어서 발표해 보세요.

기숙사 생활 고민되시나요?

안녕하세요? 저는 양양입니다. 여러분은 기숙사 생활에 대해 어떻게 생각하시나요? 저는 오늘 기숙사 생활의 장점과 단점에 대해 말씀드리겠습니다. 먼저 기숙사의 가장 큰 장점은 학교와 가깝다는 것입니다. 그래서 교통비도 절약하고 시간도 아낄 수 있습니다. 두 번째, 다양한 사람들과 교류할 기회가 많다는 것도 장점입니다. 세 번째는 공용주방, 세탁실, 휴게실 같은 편의시설을 갖추고 있어서 아주 편리합니다. 반면에 단점도 있습니다. 여러 사람과 방을 같이 쓰기 때문에 불편할 때가 있습니다. 그리고 공동 공간이기 때문에 규칙이 많습니다. 마지막으로 소음문제가 있습니다. 소음에 민감한 사람들은 어려움을 겪을 수 있습니다. 하지만 룸메이트와 소통을 잘하고 서로 예의를 지키면 괜찮습니다. 그리고 기숙사 규칙만 어기지 않으면 편하게 지낼 수 있습니다.

지금까지 기숙사 생활의 장단점에 대해 말씀드렸습니다. 기숙사는 단점보다 장점이 많다고 생각합니다. 만약에 지금 기숙사 생활을 하신다면 장점을 잘 살려서 편하고 즐겁게 지내시기 바랍니다. 이상으로 발표를 마치겠습니다. 제 발표에 관심 가져 주셔서 정말 감사합니다.

☐ 글자수 : 565자　　☐ 시간 : 1분 30초~2분

02. 아래 예시를 참고해서 나만의 메모 카드를 직접 만들어 보세요.

1	2	3	4	5
기숙사 생활 장점과 단점	장점 3가지 학교와 가깝다 교류 기회 / 편리함	단점 3가지 방 같이 써서 불편 규칙 많다 / 소음	소통 잘하고 규칙 어기지 않으면 편하게 지냄	단점보다 장점 많다 편하고 즐겁게

01. 주제 알아보기_ 발표하고 싶은 주제를 골라 보세요. 주제를 직접 찾아보는 것도 좋습니다.

전자책 장단점	온라인 수업 장단점	조기 유학 장단점	SNS 이용 장단점
전통 시장 이용 장단점	드론(Drone) 사용 장단점	디지털 교과서 장단점	대중문화 장단점
청소년 아르바이트 장단점	스트레스의 장단점	배달 문화 장단점	창업하는 것의 장단점
AI 기술 이용의 장단점	온라인 쇼핑의 장단점	공동 주택의 장단점	소비자 입장에서 광고의 장단점
주 4일 근무제의 장단점	정년 연장의 장단점	경쟁의 장단점	?

02. 아이디어 모으기

03. 단계별 중심 내용 구성하기 내 발표문에 필요한 항목에 ✔ 하세요.

도입	☐ 가벼운 질문	☐ 경험	☐ 인용	☐ 일반적 사실	☐ 뉴스	☐ ?
본론	☐ N의 정의	☐ 장점 1 + 설명	☐ 장점 2 + 설명	☐ 장점 3 + 설명		
	☐ 단점 1 + 설명	☐ 단점 2 + 설명	☐ 단점 3 + 설명	☐ 단점 개선 방향		
	☐ 개인이 할 일	☐ 사회에서 할 일	☐ 내 의견	☐ ?		
마무리	☐ 핵심 내용 정리	☐ 퀴즈 내기	☐ 마지막 메시지	☐ 감사 표현	☐ 질문 받기	

> **꿀팁 노트**
> - 먼저 장점을 말해야 합니다. 단점부터 말하는 것은 좋지 않습니다.
> - 장점 2-3가지를 말하고 간단하게 보충 설명을 합니다.
> - 다음으로 단점 2-3가지를 말하는데, 이때 개선이 가능한 단점을 이야기해야 합니다.
> - 단점을 말한 다음에는 그 단점을 개선하는 방향에 대해 말하는 것이 좋습니다.
> - 개인적으로 개선할 점보다는 사회적으로 개선해야 할 방향에 대해 말하는 것이 좋습니다.

■ 나의 발표 주제: ■ 발표 시간: 4분~5분

제목 :

발표문 쓰기 → 피드백 → 읽고 연습하기 → 피드백 → 녹음하기 → 피드백 → 녹화하기 → 피드백 → 발표하기

확인하기
Self Check List

1. 발표문을 쓰고 피드백(feedback)을 받았습니까? ☐
2. 발표문을 5번 이상 읽으면서 연습했습니까? ☐
3. 메모 카드를 만들어서 연습했습니까? ☐
4. 발표하는 모습을 영상으로 찍었습니까? ☐

5 조사 결과

5-1 예시 발표문

내용구성	도 입	→	본 문	→	마무리
	• 시작 인사 • 도입 - 옷 쓰레기 현황 • 발표 주제 소개		1. 조사 결과 설명 (1) 2. 조사 결과 설명 (2) 3. 노력의 방향		1. 내용 정리 2. 나의 경험과 결심 3. 감사 인사

패스트패션 NO! 슬로패션 YES!

1 도입

안녕하세요? 마리입니다. 우리가 버리는 생활 쓰레기가 정말 많은데요. 그 중에서 옷 쓰레기가 예전에 비해 크게 늘어났다고 합니다. 유행이 빨리 바뀌어서 그런 걸까요? 아니면 품질이 떨어져서 그런 걸까요? 오늘 저는 패스트패션 관련 조사 결과에 대해 발표하도록 하겠습니다.

2 조사 결과 설명(1)

패스트푸드처럼 패스트패션(Fast Fashion)도 옷을 빨리 만들어서 싸게 파는 것을 말합니다. 보통 신상품은 1년에 4번 정도 나오는데요. 패스트패션 신상품은 1, 2주에 한 번씩 나온다고 합니다. 정말 빠르죠? 소비자들은 유행에 맞춰 옷을 쉽게 구매하고 쉽게 버립니다. 패스트패션이 등장하면서부터 평균 의류 구매량은 해마다 60%씩 증가했다고 합니다.

3 설명(2)

우리 학교 학생 200명을 대상으로 '옷 소비'에 대해 설문조사한 결과를 보면, 1년에 20벌 이상 구매하는 학생들은 12%로 나타났습니다. 그리고 10벌 이상 구매한다고 응답한 학생들은 56%로 조사되었습니다. 10벌 이하라고 응답한 학생은 32%에 불과했습니다. 그러면 구매한 옷을 얼마나 입고 버리는지 조사한 결과를 한번 볼까요? 보시는 것처럼 3년 정도 입는다는 학생들이 전체의 73%에 달했습니다. 3년 이상은 23%로 나타났습니다. 이렇게 옷을 오래 입지 못하는 이유는요. 품질이 좋지 않기 때문이라고 했습니다. 그리고 '유행이 지나서'라고 응답한 학생도 많았습니다. 유행 따라 만들어지는 싼 옷들은 얼마 지나지 않아 쓰레기가 됩니다. 옷 쓰레기는 특히, 환경에 나쁜 영향을 주는데 이런 문제를 알지 못하는 학생도 많았습니다. 응답자의 반 이상이 이 사실을 모르는 것으로 나타났습니다.

4 노력의 방향

이제는 소비자들도 패스트패션 대신 슬로패션을 실천해야 될 때입니다. 슬로패션은 유행을 따르지 않습니다. 그리고 옷을 만들 때 환경오염을 줄이려고 노력합니다. 그러면 우리는 어떻게 실천해야 할까요? 우선 의류 구매를 줄여야 합니다. 보통 새 옷 구매는 일 년에 평균 5벌 이하가 좋다고 합니다. 다음으로 옷을 살 때 오래 입을 수 있는 옷을 사야 합니다. 또한 가능하면 한 번 더 재활용하는 것이 좋을 것 같습니다.

5 마무리

저는 오늘 패스트패션 관련 조사 결과를 통해 우리가 생각해 봐야 할 문제들을 제시했습니다. 이번 발표를 준비하면서 저도 느낀 것이 많습니다. 일단 옷을 사기 전에 한 번 더 고민해 봐야겠다는 생각이 들었습니다. 오늘 제 발표에 공감하고 호응해 주셔서 감사드립니다. 이상으로 발표를 마치겠습니다.

▶ 글자수 : 1209자
▶ 시 간 : 4분~5분

크게 읽으세요!

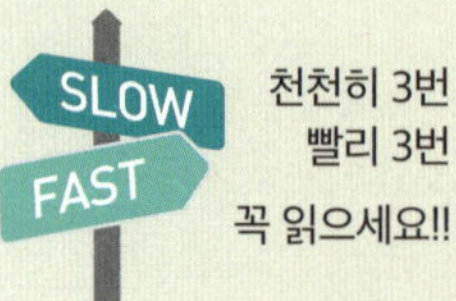

천천히 3번
빨리 3번
꼭 읽으세요!!

나의 속도

1번 _____ 분 _____ 초
2번 _____ 분 _____ 초
3번 _____ 분 _____ 초

	A 질문	※ N 명사 V 동사 A 형용사 ( ) 글자 수		B 대답
1	'옷'을 다른 말로 무엇이라고 합니까?	※ 2글자 명사입니다.	N(2)	'의류'라고 합니다.
2	옷을 빨리 만들어서 싸게 파는 것을 무엇이라고 합니까?		N(5)	
3	새로 나온 옷이나 물건을 무엇이라고 합니까?		N(3)	
4	물건을 사서 쓰는 사람들을 어떻게 말합니까?		N(3)	
5	물건을 사는 것을 무엇이라고 합니까?		V(4)	
6	많은 사람들이 비슷한 디자인의 옷을 입는 것을 무엇이라고 합니까?		N(2)	
7	다른 사람의 마음을 잘 이해하고 나도 그렇게 느끼는 것을 무엇이라고 합니까?		V(4)	
8	시장이나 무대에 나오는 것을 무엇이라고 합니까?		V(4)	
9	조사할 때 질문에 답하는 것을 무엇이라고 합니까?		V(4)	
10	버려야 할 물건인데, 다른 것으로 만들어서 다시 쓰는 것을 무엇이라고 합니까?		N(3)	

▶ 정답 p.167

5-3 **어휘 활용 말하기** 다양한 표현을 생각해 보고 최대한 많이 말하세요.

01 N에 대해

설문조사를 했습니다.
이야기했습니다.
· · · ·
· · · ·

02 결과를

살펴 봤습니다.
분석했습니다.
· · · ·
· · · ·

03 상품이

나왔습니다.
잘 팔립니다.
· · · ·
· · · ·

04 옷을

오래 입습니다.
많이 삽니다.
· · · ·
· · · ·

05 해마다

여행을 갑니다.
옷을 많이 삽니다.
· · · ·
· · · ·

06 오래

사귀지 않았습니다.
사용하지 않았습니다.
· · · ·
· · · ·

07 어떻게

해야 할까요?
연습합니까?
· · · ·
· · · ·

08 쉽게

버리게 됩니다.
배울 수 있습니다.
· · · ·
· · · ·

사람들은 유행을
학생들은 선생님의 말을
· · · ·

09 따릅니다

쇼핑하는 사람들이
여행을 가는 사람들이
· · · ·

10 늘어났습니다

비싼 물건을
백화점에서 옷을
· · · ·

11 구매합니다

기온이 갑자기
가방의 품질이
· · · ·

12 떨어졌습니다

배우들이 무대에
시장에 신상품이
· · · ·

13 등장했습니다

졸업한 지 3년이
오래 전에 유행이
· · · ·

14 지났습니다

전화번호가
모임 시간과 장소가
· · · ·

15 바뀌었습니다

새로운 상품이
맛있는 음식이
· · · ·

16 만들어졌습니다

STEP ❶

A 품질이 떨어집니다
B 【그 옷의】 품질이 떨어집니다.
01 떨어집니다

계획을 실천했습니다.
【   】 계획을 ~
02 실천했습니다

옷을 사야 합니다.
【   】 옷을 ~
03 사야 합니다

물건을 만듭니다.
【   】 물건을 ~
04 만듭니다

STEP ❷

A 관광객이 증가했습니다
B 【이곳을 찾는】 관광객이 증가했습니다
C 【해마다 이곳을 찾는】 관광객이 증가했습니다
05 증가했습니다

상품이 나왔습니다.
【   】 상품이 ~
【   】 상품이 ~
06 나왔습니다

쓰레기를 줄여야 합니다.
【   】 쓰레기를 ~
【   】 쓰레기를 ~
07 줄여야 합니다

STEP ❸

A 생각이 들었습니다.
B 【어렵다는】 생각이 들었습니다
C 【실천하기 어렵다는】 생각이 들었습니다
D 【그 계획을 실천하기 어렵다는】 생각이 들었습니다
08 들었습니다

영향을 미칩니다.
【   】 영향을 ~
【   】 영향을 ~
【   】 영향을 ~
09 미칩니다

5-5 **문장 유형으로 말하기** 혼자 또는 친구들과 연습해 보세요. 문장을 최대한 많이 말하세요. ※ p.167 답안 참고

❶ N을 대상으로
   N에 대해 조사했습니다

A 대학생 200명을 대상으로 옷 소비에 대해 조사했습니다.
B
C

❷ N은
   __%로 나타났습니다

A 옷을 10벌 이상 구매하는 학생들은 56%로 나타났습니다.
B
C

❸ N대신 N을
   ~아/어야 합니다

A 패스트패션 대신 슬로패션을 실천해야 합니다.
B
C

❹ 가능하면
   ~는 것이 좋습니다

A 가능하면 한 번 더 재활용 하는 것이 좋습니다.
B
C

A

1	이런 문제를 생각하지 못하는 학생들
2	옷이 쌉니다.
3	70%로 아주 높게 나타났습니다.
4	20%로 아주 적게 나타났습니다.
5	응답자 중 반이 넘는 사람들이
6	옷을 많이 삽니다.
7	품질이 좋지 않습니다.
8	패스트패션이 나왔습니다.
9	옷을 적게 사야 합니다.
10	잘 이해해 주시고 좋은 반응을 보내 주셔서

B

6	옷을 많이 구매합니다.
	응답자 절반 이상이
	20%에 불과했습니다.
	품질이 떨어집니다.
	패스트패션이 등장했습니다.
	의류 구매를 줄여야 합니다.
	공감하고 호응해 주셔서
	70%에 달했습니다.
	이런 문제를 인식하지 못하는 학생들
	옷이 저렴합니다.

※ 혼자 연습할 때 이 부분을 가리고 말해 보세요.　▶정답 p.167

5-7 **짧은 발표 연습** Mini Presentation

01. 다음 예시 발표문을 읽으면서 연습해 보세요. 그리고 메모 카드를 만들어서 발표해 보세요.

채식이 인기! 채식을 즐기는 사람들!

　안녕하세요? 크리스입니다. 얼마 전 뉴스를 봤는데요. 요즘 고기를 먹지 않고 채식을 하는 사람들이 늘고 있다고 합니다. 저는 오늘 채식에 대한 조사 결과를 발표하려고 합니다.

　한국의 경우, 2014년에서 2024년까지 10년 사이에 채식 인구가 10배나 늘었다고 합니다. 그러면 채식에 대한 조사 결과를 살펴보겠습니다. 먼저 채식하는 이유를 보면 '건강을 위해서'가 63%로 가장 높게 나타났습니다. 다음으로 '환경을 보호하기 위해서'가 42%로 나타났습니다. 마지막으로 다이어트를 위해서가 25%로 조사되었습니다. 최근에는 채식주의자를 위한 간편 식품도 다양하게 나오고 있습니다. 채식 메뉴로는 빵이 1위를 차지했습니다. 다음은 샐러드, 샌드위치, 비빔밥 순으로 이어졌습니다. 또한 채식에 대한 생각도 긍정적으로 바뀌고 있습니다. 건강과 환경을 위해서 채식이 필요하다고 생각하는 사람들이 갈수록 많아지고 있습니다. 제 주변에도 채식을 하는 친구들이 전보다 많아졌습니다.

　지금까지 채식에 대한 조사 결과를 말씀드렸습니다. 제 주변에도 채식을 하는 친구들이 많습니다. 저는 그 친구들에게 비빔밥을 추천해 줍니다. 혹시 맛있는 채식 메뉴가 있으면 알려 주세요. 이상으로 발표를 모두 마치겠습니다. 관심 가지고 들어 주셔서 감사합니다.

☐ 글자수 : 633자　　☐ 시간 : 1분 30초~2분

02. 아래 예시를 참고해서 나만의 메모 카드를 직접 만들어 보세요.

1	2	3	4	5
고기 먹지 않고 채식하는 사람들 늘어났다.	2014-2024 10년 사이 10배나 늘었다	채식 이유 '건강 위해' 63% '환경 위해' 42% '다이어트 위해' 25%	채식 메뉴-빵 1위, 샐러드, 샌드위치, 비빔밥 순으로	채식하는 친구들 비빔밥 추천

❏ 예시 _그래프 손으로 직접 그리기

1 세계 대체육 시장은 2015년 4조 2400억 원에서 2023년 6조 9700억 원으로 증가한 것으로 나타났습니다.

2 조사 결과를 보면 서주시 가구 수는 2004년 21만 명에서 2024년 15만 명으로 10년 동안 1.4배 감소한 것으로 나타났습니다.

3 김치 수출량을 보면, 2019년 1억 5000만 달러에서 2021년 1억 6000만 달러로 증가했습니다. 그런데 2022년에는 1억 4000만 달러로 조금 감소했지만 2023년에는 1억 5000만 달러로 다시 증가한 것으로 나타났습니다.

4 조사 결과를 보면 현재 행복에 가장 큰 영향을 주는 인간관계는 1위가 가족과의 관계로 64%를 차지했습니다. 다음으로 직장 내 인간관계가 16%였고요. 친구 관계는 10%, 기타 사회적 관계는 8%로 나타났습니다.

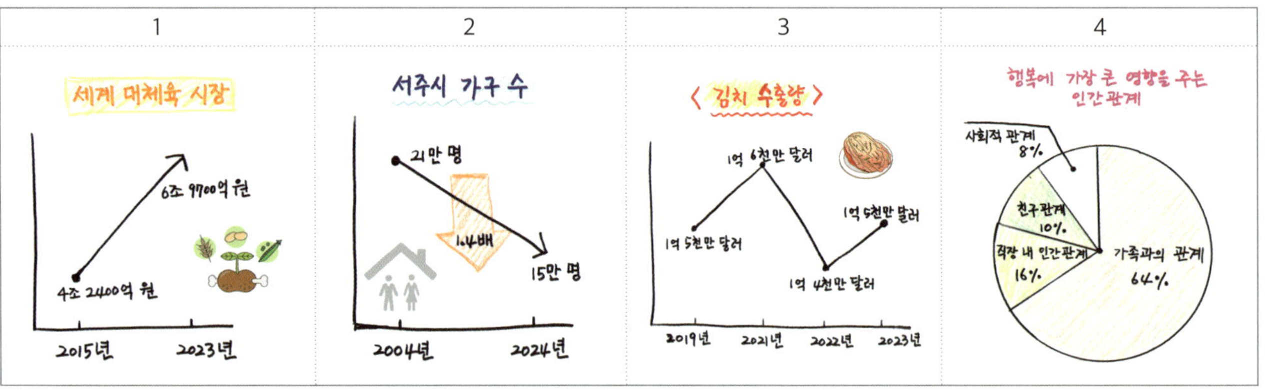

❏ 연습 1 _조사 결과를 보고 직접 그래프를 그려 보세요. ※ p.167 답안 참고

1 1인 가구는 2014년 전체 인구의 26%에서 2024년 37%로 10년 동안 11% 증가한 것으로 나타났습니다.

2 청소년들의 1년간 독서량은 2013년 36권에서 2023년 32권으로 감소한 것으로 나타났습니다.

3 인주시 취업자 수는 지난 5월에 27만 명에서 7월에는 38만 명으로 증가했다가 10월에는 17만 명으로 감소했습니다.

4 조사 결과를 보면 사람들이 즐겨 찍는 사진은 1위가 음식으로 52%를 차지했습니다. 다음으로 풍경 49%, 가족 44%, 친구 37%, 셀프 촬영 34%로 나타났습니다.

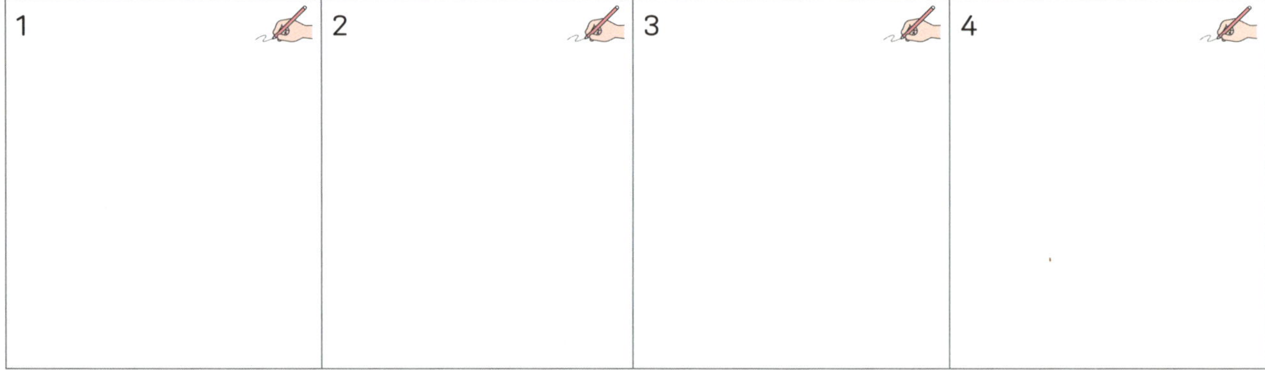

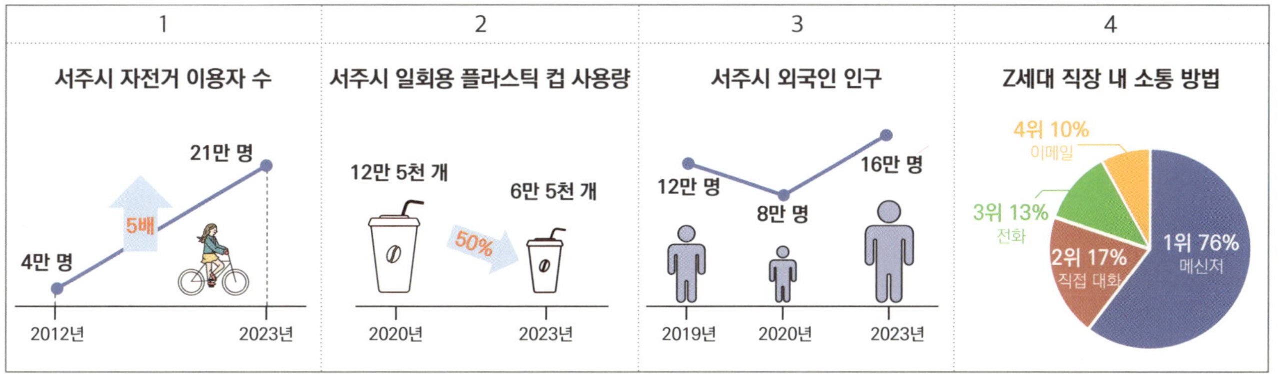

5-9 원인, 전망, 목적 설명하기

■ **예시 1** _ 원인 설명하기

·도서관을 이용하지 않은 이유   • 바빠서 40%   • 책을 읽지 않아서 37.5%   • 집에서 멀어서 12%

→ 이번 조사에서는 도서관을 이용하지 않은 이유에 대해 물어봤습니다. 그 결과, 바빠서가 40%로 가장 많았습니다. 이어서 책을 읽지 않아서라는 응답이 37.5%로 2위를 차지했습니다. 마지막으로 집에서 멀어서라는 응답이 12%로 나타났습니다.

■ **연습 1** *아래 그래프를 보고 설명해 보세요. ※ p.168 답안 참고*

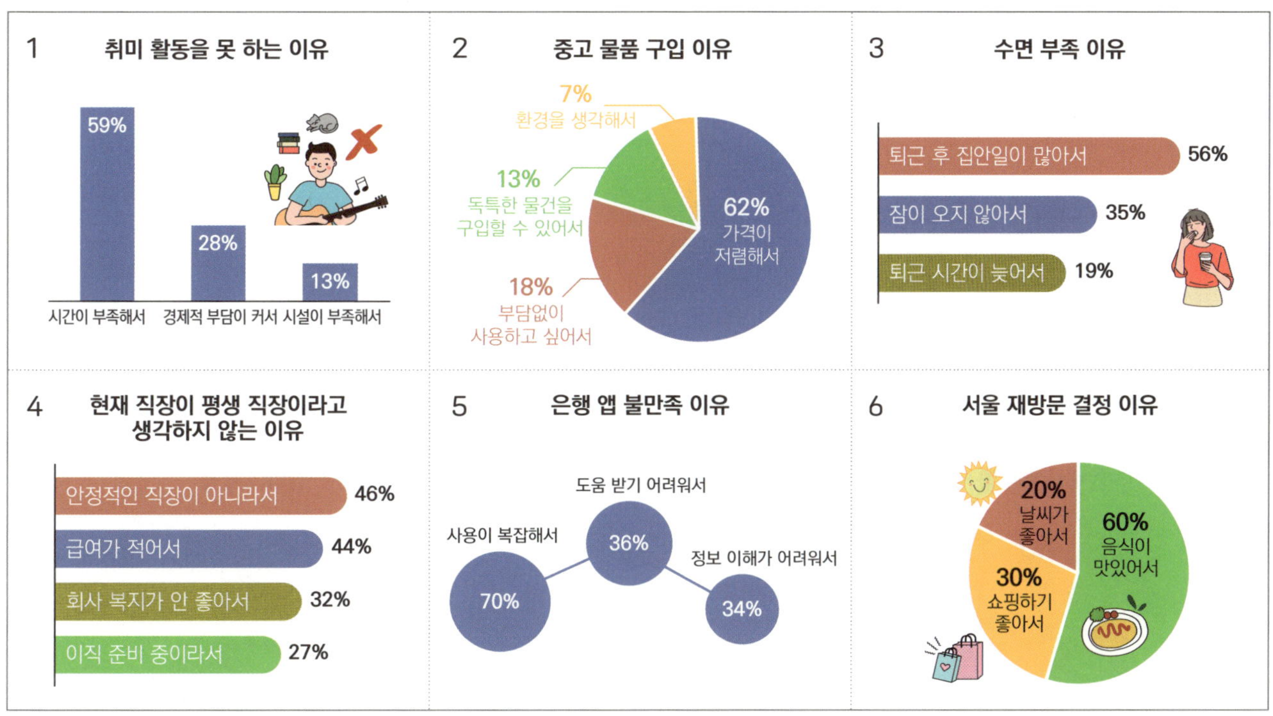

1	노인 인구 전망 : 2020년 16% ➡ 2040년 35%	🎙 노인 인구는 2020년 16%에서 2040년 35%까지 증가할 것으로 전망됩니다.
2	쌀 자급률 전망 : 2020년 91% ➡ 2050년 55%	🎙 쌀 자급률은 2020년 91%에서 2050년 55%까지 감소할 것으로 전망됩니다.

□ **연습 2** _ 아래 그래프를 보고 설명해 보세요. ※ p.168 답안 참고

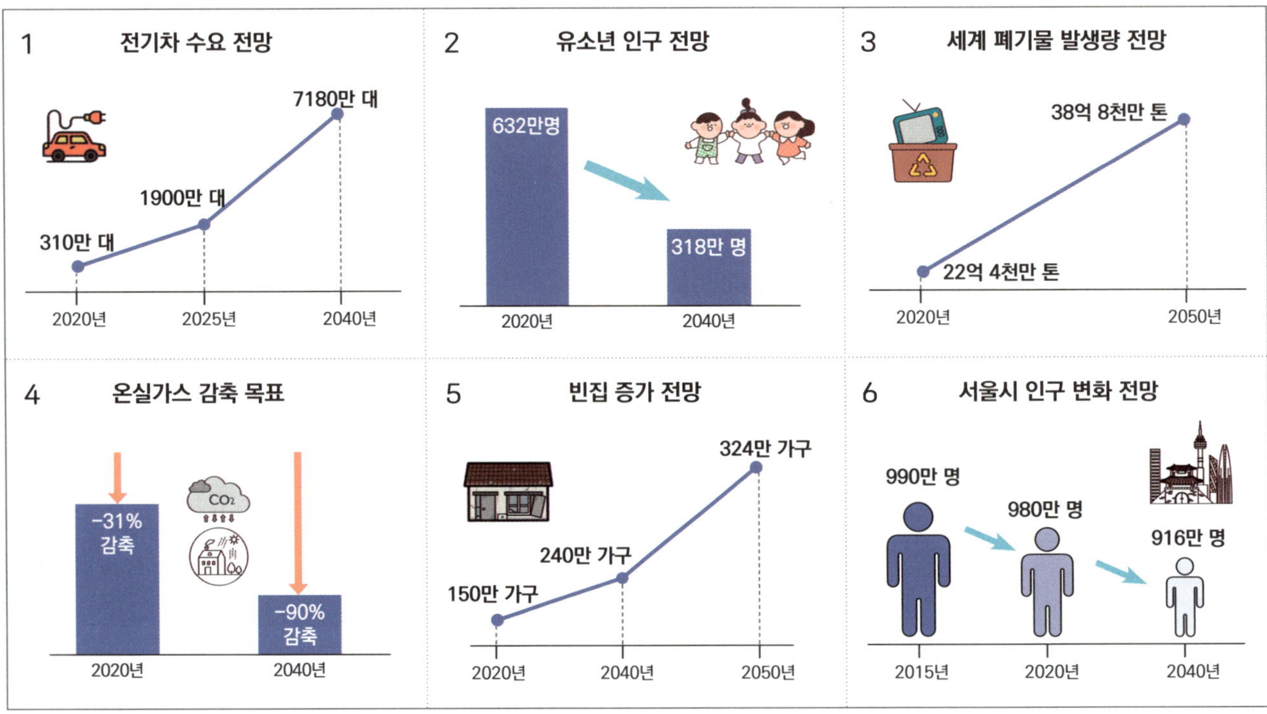

□ **예시 3** _ 목적 설명하기

·**자전거 이용 목적**   가까운 거리 이동 56%   건강 유지 45%   취미 활동 36%

🎙 ➜ 자전거를 이용하는 목적을 보면 가까운 거리를 이동하기 위해서가 56%로 가장 많았습니다. 이어서 건강 유지를 위해서가 45%로 2위였고요. 마지막으로 취미 활동을 위해서는 36%로 나타났습니다.

□ **연습 3** _ 아래 그래프를 보고 설명해 보세요. ※ p.168 답안 참고

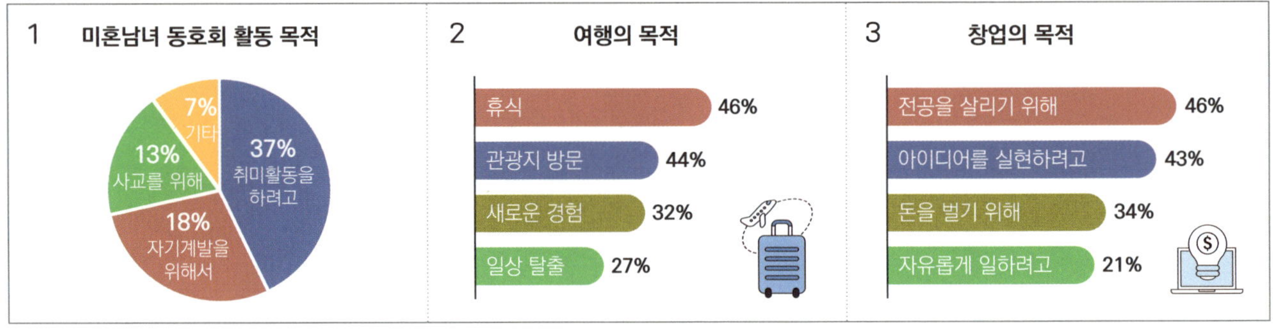

 내 발표문 준비하기

01. 주제 알아보기 _발표하고 싶은 주제를 골라 보세요. 주제를 직접 찾아보는 것도 좋습니다._

자전거 이용 현황	에너지 이용 현황	평균 수명 증가	기후변화로 인한 결과
20-30대 결혼관 변화	플라스틱 제품 사용 현황	생활형 로봇 시장 확대	1인 가구 증가
오디오북 시장 (Audio book)	웹툰 시장 현황	SNS 이용 현황	농촌 인구 감소
여행 트렌드 변화	집밥과 외식 비교	사교육 현황	편의점 이용 증가
나이별 취미 생활	청소년 게임 중독	이직 인구 증가	?

02. 아이디어 모으기

03. 단계별 중심 내용 구성하기 _내 발표문에 필요한 항목에 ✔ 하세요._

도입	☐ 가벼운 질문	☐ 경험	☐ 인용	☐ 일반적 사실	☐ 뉴스	☐ ?
본론	☐ N이란?	☐ 최근 현황	☐ 조사 대상	☐ 조사 주제		
	☐ 조사 결과	☐ 1위 내용	☐ 2위 내용	☐ 3위 내용		
	☐ 결과 분석-원인	☐ 조사 의미	☐ 내 생각	☐ ?		
마무리	☐ 핵심 내용 정리	☐ 퀴즈 내기	☐ 마지막 메시지	☐ 감사 표현	☐ 질문 받기	

꿀팁노트

- 조사 결과를 설명할 때는 먼저 조사 기관, 대상, 기간 그리고 주제를 말하는 것이 좋습니다.
- 조사 결과는 그래프 이미지로 정리해서 보여주면서 설명합니다.
- 사람들이 가장 쉽게 이해할 수 있는 표나 그래프를 사용하는 것이 좋습니다.
- 조사 결과를 분석해서 이 조사가 어떤 의미를 가지고 있는지 설명합니다.
- 마무리할 때 조사 결과에서 강조할 부분을 다시 한번 말하고 자신의 메시지도 추가하면 좋습니다.

04. 발표문 쓰고 연습하기 *예시 발표문을 참고해서 써 보세요.*

■ 나의 발표 주제: _______________________________________ 　　■ 발표 시간: 4분~5분

제목 : _______________________________________

발표문 쓰기 → 피드백 → 읽고 연습하기 → 피드백 → 녹음하기 → 피드백 → 녹화하기 → 피드백 → 발표하기

확인하기
Self Check List

1. 발표문을 쓰고 피드백(feedback)을 받았습니까? ☐

2. 발표문을 5번 이상 읽으면서 연습했습니까? ☐

3. 메모 카드를 만들어서 연습했습니까? ☐

4. 발표하는 모습을 영상으로 찍었습니까? ☐

CHAPTER 3

주장을 위한 발표

찬반 의견

내용구성	도 입		본 문		마무리
	• 시작 인사 • 도입-설문조사 결과 • 발표 주제 소개	➡	1. 이유 1 + 근거 (설명, 경험) 2. 이유 2 + 근거 (예시) 3. 이유 3 + 근거 (설명, 예시)	➡	1. 내용 정리 2. 핵심 내용 강조 3. 감사 인사

재택근무에 찬성합니다!

1
도입
의견

안녕하세요? 여러분! 후안입니다. 요즘 회사에 가지 않고 집에서 일하는 사람들이 많다고 합니다. 이런 걸 '재택근무'라고 하는데요. 한 회사에서 설문조사를 했는데 80% 정도가 긍정적인 반응을 보였다고 합니다. 여기에 대해 먼저 제 의견을 말씀드리면, 저는 재택근무를 하는 것이 좋다고 생각합니다. 지금부터 그 이유 세 가지를 말씀드리겠습니다.

2
이유❶
+ 근거

먼저 가장 큰 이유는 어디에서든지 자유롭게 일할 수 있기 때문입니다. 출근하지 않아도 되니까 집에서든, 카페에서든 원하는 곳에서 일할 수 있습니다. 멀리 다른 나라, 다른 도시에 살면서 일할 수도 있습니다. 당연히 회사가 있는 곳으로 이사갈 필요가 없는거죠! 이렇게 되면 선택할 수 있는 회사가 더 많아집니다. 제가 아는 어떤 사람은 재택근무 덕분에 거리가 멀어서 포기했던 회사에 지원할 수 있게 되었습니다.

3
이유❷
+ 근거

두 번째 이유는 일하는 시간을 마음대로 정할 수 있다는 것입니다. 직장인들은 보통 정해진 근무 시간이 있습니다. 그 시간에는 개인적인 일이 있어도 나갈 수 없습니다. 그래서 불편함을 느낄 때도 많습니다. 그런데 재택근무를 하면 자기가 근무 시간을 정할 수도 있습니다. 예를 들면 가족 모임이 있으면 낮에는 가족들과 함께 보내고 저녁 시간에 일하면 됩니다. 또, 취미 생활도 운동도 원하는 시간에 할 수 있습니다. 이렇게 일과 개인 생활 모두 다 잘할 수 있다는 것이 아주 매력적입니다. 워라벨(Work-Life Balance)을 지킬 수 있는거죠!

4
이유❸
+ 근거

마지막으로 생활비를 절약할 수 있습니다. 어떤 비용을 절약할 수 있는지 여러분도 아실 겁니다. 바로 교통비입니다. 회사가 집에서 멀리 떨어져 있는 사람들은 출퇴근하는 게 정말 힘듭니다. 시간도 많이 걸리고 교통비도 많이 듭니다. 그리고 또 하나 있습니다. 옷을 사는 데 드는 비용도 줄일 수 있습니다. 출근을 안 하면 옷차림에 신경을 쓰지 않아도 되니까 이 비용 또한 줄어들게 됩니다. 그리고 점심값, 커피값도 아낄 수 있습니다. 이렇게 아낀 비용으로 여가 생활을 더 여유롭게 즐길 수 있지 않을까요?

5
마무리

지금까지 저는 재택근무에 찬성하는 이유 세 가지를 말씀드렸습니다. 첫째, 어디에서든 자유롭게 일할 수 있다는 것, 둘째, 일하는 시간을 마음대로 정할 수 있다는 것, 셋째 생활비를 절약할 수 있다는 것입니다. 이 외에도 집중력 향상이라든지 업무 만족도가 올라간다든지 하는 좋은 점이 많습니다. 또한 감염병이 유행할 때도 걱정 없이 일할 수 있습니다. 여러분은 어떻게 생각하십니까? 저처럼 찬성하시나요? 아니면 반대하시나요? 이상으로 발표를 마치겠습니다. 처음부터 끝까지 제 발표에 귀 기울여 주셔서 감사합니다.

▸ 글자수 : 1312자
▸ 시 간 : 4분~5분

크게 읽으세요!

SLOW
FAST

천천히 3번
빨리 3번
꼭 읽으세요!!

나의 속도

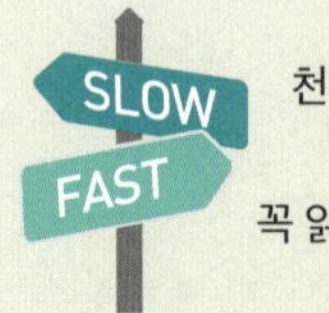

1번 ______분 ______초
2번 ______분 ______초
3번 ______분 ______초

	A 질문	※N 명사 V 동사 A 형용사 ( ) 글자 수	**B 대답**
1	하고 있는 일이나 하고 싶은 것을 그만두는 것을 무엇이라고 합니까? ※ 4글자, 명사입니다.	V(4)	'포기하다'라고 합니다.
2	회사에 가지 않고 집에서 일하는 것을 무엇이라고 합니까?	N(4)	
3	생활하는 데 들어가는 돈을 무엇이라고 합니까?	N(3)	
4	일하기 위해 회사에 나가는 것을 무엇이라고 합니까?	V(4)	
5	회사에서 일하는 시간을 무엇이라고 합니까?	N(4)	
6	돈이나 물건을 아끼는 것을 무엇이라고 합니까?	V(4)	
7	공부하거나 일하지 않는 시간에 하는 활동을 무엇이라고 합니까?	N(4)	
8	딴 생각을 하지 않고 그 일에만 열중하는 능력을 무엇이라고 합니까?	N(3)	
9	자기가 하는 일에 대해 좋다고 생각하는 정도를 무엇이라고 합니까?	N(5)	
10	옆 사람이 병에 걸리면 같이 걸리는 병을 무엇이라고 합니까?	N(3)	

▶ 정답 p.168

01 집에서

일합니다.
멀리 떨어져 있습니다.
· · · ·

02 비용을

절약할 수 있습니다.
줄일 수 있습니다.
· · · ·

03 회사에

지원했습니다.
식당이 있습니다.
· · · ·

04 정해진 시간에

출근해야 합니다.
식사해야 합니다.
· · · ·

05 자유롭게

운동할 수 있습니다.
여행할 수 있습니다.
· · · ·

06 걱정 없이

생활할 수 있습니다.
공부할 수 있습니다.
· · · ·

07 마음대로

정할 수 있습니다.
나갈 수 있습니다.
· · · ·

08 멀리

떠나고 싶습니다.
출장을 갔습니다.
· · · ·

근무 시간이 길다고
그 사람이 일을 잘한다고
· · · ·

09 생각합니다

생활에 불편함을
재택근무가 편하다고
· · · ·

10 느낍니다

옷차림에
운동과 음식에
· · · ·

11 신경을 씁니다

월급이 많다는 것이
휴가가 길다는 것이
· · · ·

12 매력적입니다

의사가 되려던 꿈을
친구와 가려던 여행을
· · · ·

13 포기했습니다

생활비를
에너지를
· · · ·

14 절약합니다

즐겁게 지내기를
자유롭게 일하기를
· · · ·

15 원합니다

회사 근처로 이사할
옷이 많아서 옷을 살
· · · ·

16 필요가 없습니다

 문장 길게 말하기 쓰지 말고 말하세요. 혼자 또는 친구들과 연습해 보세요. 예시 답안(p.169)을 참고하세요.

STEP ①

A 반응을 보였습니다.
B 【긍정적인】 반응을 보였습니다.
01 보였습니다

그 회사에 지원했습니다
【   】회사에 ~
02 지원했습니다

생활을 즐깁니다.
【   】생활을 ~
03 즐깁니다

시간이 정해졌습니다.
【   】시간이 ~
04 정해졌습니다

STEP ②

A 혼자 살기가 힘듭니다.
B 【외국에서 혼자 살기가】 힘듭니다.
C 【가족과 떨어져 외국에서 혼자 살기가】 힘듭니다.
05 힘듭니다

비용을 아낄 수 있습니다.
【   】비용을 ~
【   】비용을 ~
06 아낄 수 있습니다

감염병이 유행했습니다.
【   】감염병이 ~
【   】감염병이 ~
07 유행했습니다

STEP ③

A 시간이 많이 걸립니다
B 【출근하는 데】 시간이 많이 걸립니다.
C 【회사까지 출근하는 데】 시간이 많이 걸립니다.
D 【매일 회사까지 출근하는 데】 시간이 많이 걸립니다.
08 (시간이) 걸립니다

만족도가 올라갑니다.
【   】만족도가 ~
【   】만족도가 ~
【   】만족도가 ~
09 올라갑니다

 문장 유형으로 말하기 혼자 또는 친구들과 연습해 보세요. 문장을 최대한 많이 말하세요. ※ p.169 답안 참고

❶ 저는 _______ 는 것이 좋다고 생각합니다.

A 저는 재택근무를 하는 것이 좋다고 생각합니다.
B
C

❷ 가장 큰 이유는 어디에서든지 자유롭게 _______ 기 때문입니다.

A 가장 큰 이유는 어디에서든지 자유롭게 일할 수 있기 때문입니다.
B
C

❸ N은 _______ 다는 것이 아주 매력적입니다.

A 재택근무는 시간을 마음대로 쓸 수 있다는 것이 아주 매력적입니다.
B
C

❹ ____(으)면 ____는 데 드는 비용을 줄일 수 있습니다.

A 출근을 안 하면 옷을 사는 데 드는 비용을 줄일 수 있습니다.
B
C

A
1   돈을 더 적게 쓸 수 있습니다.
2   출퇴근 시간을 마음대로 바꿀 수 없습니다.
3   내가 원하는 시간에 운동할 수 있습니다.
4   집에서 회사까지 멉니다.
5   옷에 대해 고민하지 않아도 됩니다.
6   집중할 수 있는 능력이 좋아집니다.
7   조사 결과, 괜찮다는 대답이 많았습니다.
8   일과 개인 생활을 모두 잘할 수 있습니다.
9   여가 시간을 즐겁게 보냅니다.
10   잘 들어 주셔서 감사합니다.

B	
9	여가 시간을 즐깁니다.
	비용을 줄일 수 있습니다.
	옷차림에 신경 쓸 필요가 없습니다.
	일과 개인 생활의 균형을 지킬 수 있습니다.
	조사 결과 긍정적인 반응이 많았습니다.
	귀 기울여 주셔서 감사합니다.
	언제든지 자유롭게 운동할 수 있습니다.
	출퇴근 시간이 정해져 있습니다.
	집중력이 향상됩니다.
	회사가 멀리 떨어져 있습니다.

※ 혼자 연습할 때 이 부분을 가리고 말해 보세요. ▶정답 p.169

1-7 **짧은 발표 연습** Mini Presentation

01. 다음 예시 발표문을 읽으면서 연습해 보세요. 그리고 메모 카드를 만들어서 발표해 보세요.

장점보다 단점 많은 재택근무 반대

안녕하세요? 여러분! 저는 왕웨이입니다. 저는 재택근무를 하는 것이 좋지 않다고 생각합니다. 지금부터 반대하는 이유 세 가지를 말씀드리겠습니다.

먼저 외로움을 느끼기 때문입니다. 학생들에게 학교생활이 즐거운 이유는 친구를 만날 수 있기 때문입니다. 회사에 다니는 사람들도 마찬가지입니다. 재택근무를 하게 되면 동료들도 만날 수 없고 혼자 일해야 합니다. 두 번째는 여러 사람과 같이 일할 때 협업하기가 어렵습니다. 협업할 때는 의사소통이 아주 중요합니다. 그래서 자주 이야기도 나누고 회의도 해야 하는데 온라인으로만 소통하다 보면 의사전달이 제대로 안 됩니다. 오해가 생길 수도 있습니다. 세 번째는 문제가 발생했을 때 빨리 해결하기 어렵다는 것입니다. 예를 들어 회사에서 일하는데 갑자기 컴퓨터나 인터넷에 이상이 생깁니다. 그러면 바로 문제를 해결할 수 있습니다. 그런데 집에 있으면 해결이 늦어질 수밖에 없습니다.

이상 세 가지 이유를 정리하면, 외로움과 협업의 어려움, 그리고 문제 해결의 어려움 때문에 저는 재택근무에 반대합니다. 여러분의 생각은 어떻습니까? 이상으로 발표를 마치겠습니다. 제 의견에 관심을 가져 주신 여러분께 감사드립니다.

☐ 글자수 : 589자   ☐ 시간 : 1분 30초~2분

02. 아래 예시를 참고해서 나만의 메모 카드를 직접 만들어 보세요.

1	2	3	4	5
재택 근무 반대 이유 3가지	1. 외로움 동료 못 만남	2. 협업하기 어려움 의사전달 잘 안 됨	3. 문제 발생했을 때 빨리 해결하기 어려움	세 가지 이유 정리 재택근무 반대 강조

 찬반 발표문 구조 연습하기

01. 예시

의견	저는 아침밥을 먹는 것이 좋다고 생각합니다.
이유 1	왜냐하면 아침밥을 먹어야 두뇌 활동이 활발해지기 때문입니다.
근거	한 연구에 따르면 두뇌 활동에는 보통 하루 400KCAL(칼로리)가 필요하다고 합니다. 그런데 아침을 안 먹으면 에너지가 충분하지 않아서 집중력이 떨어집니다. 예를 들면 저의 경우에는 시험을 볼 때 아침을 먹으면 문제를 더 잘 풀 수 있었습니다.
정리	이런 이유 때문에 저는 아침을 먹어야 한다고 생각합니다.

02. 표현 정리

의견	• 저는 –는 것이 좋다고 생각합니다 • 저는 –는 데 찬성합니다/동의합니다 ↔ 반대합니다/동의하지 않습니다
이유	• 왜냐하면 –기 때문입니다 • 그 이유는 –기 때문입니다 • N은 –기 때문입니다
근거	• 예를 들면 • 한 조사 결과를 보면 • 저 같은 경우에는 • 제 경험을 말씀드리면
정리	• 이런 이유 때문에 • 앞에서 말씀드린 것처럼 • 제 의견을 정리해서 말씀드리겠습니다

03. 이유와 근거 말하기

<예시>

1. 의견	저는 공공장소를 이용할 때 다른 사람을 배려하는 마음이 필요하다고 생각합니다.
이유	왜냐하면 다른 사람들이 불편해질 수 있기 때문입니다.
근거	최근 한 조사 결과를 봤는데요. 응답자 80% 이상이 공공 예절을 지키기 위해 가장 필요한 것이 배려하는 마음이라고 답했습니다. 예절의 기본은 배려하는 마음이라는 걸 다시 한번 확인할 수 있었습니다. (객관적 자료)
	예를 들면 식당에서 큰 소리로 이야기를 한다든지, 극장에서 앞 좌석을 발로 찬다든지, 또 쓰레기를 함부로 버리는 것은 다른 사람에게 피해를 줍니다. (예시)
	제 경험을 하나 말씀드리겠습니다. 한번은 제가 지하철에서 계단을 올라가고 있는데 뒤에 오는 사람이 지나가면서 어깨를 치는 바람에 넘어질 뻔했습니다. 정말 불쾌했지만 참을 수밖에 없었습니다. (개인 경험)

<연습> ※ p.169 답안 참고

1. 의견	🎤 저는 인간관계에서 가장 필요한 것은 신뢰라고 생각합니다. ※ 신뢰=믿음
이유	🎤 그 이유는
근거	🎤

04. 연습1 *제시된 주제를 보고 의견, 이유, 근거를 말해 보세요.*

? 

의견	저는　　　다고 생각합니다.
이유 1	왜냐하면　　　기 때문입니다.
근거	한 연구에 따르면~ 예를 들면 저의 경우에는~ 구체적으로 말씀드리면

+

이유 2	두번째 이유는　　　기 때문입니다.
근거	한 조사 결과/뉴스에 따르면~ 예를 들면~ 구체적으로 말씀드리면
정리	정리해서 말씀드리면~

04. 연습2 *제시된 주제를 보고 찬성과 반대 의견을 써 보고 나의 결론을 정리한 후, 말해보세요.* ※ *p.169 답안 참고*

주제	직업을 선택할 때 내가 하고 싶은 일보다는 월급, 근무 환경 등 조건이 좋은 직업을 선택해야 한다.

찬성 이유	반대 이유
• 월급이 많아야 만족도가 높다.	• 하고 싶은 일을 해야 행복하다.
•	•
•	•
•	•
•	•

나의 결론

01. 주제 알아보기 *발표하고 싶은 주제를 골라 보세요. 주제를 직접 찾아보는 것도 좋습니다.*

채식은 건강에 좋다.	돈이 많을수록 행복하다.	경쟁보다 협력이 중요하다.	일회용품을 완전히 금지해야 한다.
거리에 쓰레기통을 설치해야 쓰레기가 줄어든다.	청소년 근로 시간을 제한해야 한다.	외국인을 차별하는 제도를 없애야 한다.	트렌스젠더는 스포츠대회에 출전하면 안 된다.
배달 앱 리뷰 제도를 없애야 한다.	과학 기술의 발전으로 더 행복해질 수 있다	성격은 환경의 영향을 많이 받는다.	노력하면 누구나 성공할 수 있다.
미성년자들의 성형수술을 금지해야 한다.	중고등학교에서 종이책을 전자책으로 바꾼다.	연예인의 개인 정보를 공개하면 안 된다.	존엄사를 허용해야 한다.
초등학생들에게 스마트폰을 금지해야 한다.	동물 쇼를 금지해야 한다.	70세까지 일하도록 해야 한다.	?

02. 아이디어 모으기

03. 단계별 중심 내용 구성하기 *내 발표문에 필요한 항목에 ✔ 하세요.*

도입	☐ 가벼운 질문	☐ 경험	☐ 인용	☐ 일반적 사실	☐ 뉴스	☐ ?
본론	☐ 의견 제시 배경	☐ 나의 의견	☐ 이유 1	☐ 이유1 - 근거		
	☐ 이유 2	☐ 이유2 - 근거	☐ 이유 3	☐ 이유3 - 근거		
마무리	☐ 핵심 내용 정리	☐ 퀴즈 내기	☐ 마지막 메시지	☐ 감사 표현	☐ 질문 받기	

꿀팁노트
- 찬성인지 반대인지 자기의 의견을 분명하게 제시합니다.
- '찬성하는 부분도 있고 반대하는 부분도 있다'고 말하는 것은 좋지 않습니다.
- 먼저 나의 의견을 제시한 후, 그것에 대한 이유를 말하는 것이 좋습니다.
- 이유부터 말하고 나서 결론을 제시하는 것은 추천하지 않습니다.
- 이유를 말할 때는 반드시 보충 설명을 해야 합니다. 근거를 말해야 합니다.
- 근거는 구체적으로 제시해야 청중들을 설득할 수 있습니다.

04. 발표문 쓰고 연습하기 *예시 발표문을 참고해서 써 보세요.*

■ 나의 발표 주제: ■ 발표 시간: 4분~5분

제목 :

확인하기 Self Check List

1. 발표문을 쓰고 피드백(feedback)을 받았습니까? ☐

2. 발표문을 5번 이상 읽으면서 연습했습니까? ☐

3. 메모 카드를 만들어서 연습했습니까? ☐

4. 발표하는 모습을 영상으로 찍었습니까? ☐

2-1 예시 발표문

내용구성	도 입	→	본 문	→	마무리
	• 인사 • 도입-사진 자료 제시 • 발표 주제 소개		1. 문제의 배경 2. 주요 문제점 2가지 3. 해결 방법 2가지		1. 내용 정리 2. 마지막 메시지 3. 감사 인사

늘어나는 빈집, 어떻게 해야 할까?

1 도입	안녕하세요? 저는 아키라입니다. 여러분 먼저 이 집을 보시죠. 이렇게 좋은 집은 당연히 비쌀 거라고 생각하시겠지만 아닙니다. 침대 하나를 사는 것만큼 쌉니다. 왜 그럴까요? 짐작하셨겠지만 도시가 아니라 시골에 있기 때문입니다. 저는 오늘 늘어나는 빈집 문제, 그리고 이 문제를 어떻게 해결하면 좋을지에 대해 발표하도록 하겠습니다.
2 배경	'1년 이상 사람이 살지 않은 집'을 빈집이라고 합니다. 아시다시피 인구가 감소하면 빈집이 늘어나게 됩니다. 당연히 도시보다는 시골에 빈집이 많아지고 있는데요. 농촌의 경우 인구가 6분의 1 수준으로 줄었다고 합니다. 한 조사 결과를 보면 30년 후에는 10가구 중 1가구가 빈집이 될 것으로 전망하고 있습니다.
3 문제점	이렇게 빈집이 계속 늘어나면 어떤 문제가 생길까요? 빈집이 폐가가 되면 보기에도 안 좋지만 여러 가지 안전사고가 일어날 가능성이 커집니다. 집이 무너질 수도 있고 화재가 날 수도 있습니다. 또한 위생적인 문제도 발생합니다. 사람이 살지 않으니까 집 주변에 쓰레기가 쌓이게 됩니다. 이런 문제들은 결과적으로 지역 경제에도 영향을 미치게 됩니다. 그 지역에 대한 이미지가 나빠지고, 그러면 사람들이 찾지 않겠죠. 살고 싶어 하는 사람들도 점점 없어집니다. 이런 상황이 계속되면 지역 경제가 죽을 수밖에 없고 사람들이 떠나기 시작할 겁니다. 결국 마을 전체가 사라질 수도 있습니다.
4 해결 방법	저는 이 문제를 해결하기 위한 방안으로 두 가지를 생각해 봤습니다. 첫 번째 방법은 오래된 빈집을 철거하거나 수리해서 다른 용도로 이용하는 것입니다. 그렇게 하기 위해서는 집주인이 적극적으로 참여해야 하고, 정부에서 경제적인 지원도 해야 합니다. 두 번째 방법은 빈집의 수, 위치, 가격 같은 정보들을 한눈에 볼 수 있도록 하는 것입니다. 이런 정보들은 빈집이 필요한 사람들에게 도움을 줄 수 있습니다. 빈집 거래도 활발해질 것입니다. 이미 이렇게 하고 있는 곳도 많다고 들었습니다.
5 마무리	저는 오늘 늘어나는 빈집 문제 해결방안에 대해 말씀드렸습니다. 여러분은 이 문제를 어떻게 생각하시는지 정말 궁금합니다. 어디에든 문제는 있겠지요. 하지만 해결할 수 없는 문제는 없다고 생각합니다. 좋은 생각이 세상을 변화시키고 있습니다. 빈집이 더 늘어나기 전에 좋은 아이디어가 나왔으면 좋겠습니다. 이상으로 발표를 마치겠습니다. 이 문제에 공감해 주신 여러분께 진심으로 감사드립니다.

▶ 글자수 : 1180자
▶ 시 간 : 4분~5분

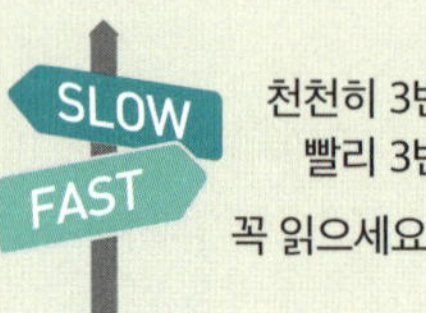

나의 속도

1번	_____ 분 _____ 초
2번	_____ 분 _____ 초
3번	_____ 분 _____ 초

	A 질문	※ N 명사 V 동사 A 형용사 ( ) 글자 수	**B 대답**
1	1년 이상 사람이 살지 않은 집을 어떻게 말합니까? *※ 2글자 명사입니다.*	N(2)	'빈집'이라고 합니다.
2	많았는데 적어지는 것을 무엇이라고 합니까?	V(4)	
3	적었는데 많아지는 것을 무엇이라고 합니까?	V(4)	
4	앞으로 어떻게 될 거라고 미리 말하는 것을 무엇이라고 합니까?	V(4)	
5	오랫동안 사용하지 않아서 사람이 살 수 없는 집을 무엇이라고 합니까?	N(2)	
6	집에 불이 나는 것을 무엇이라고 합니까?	N(2)	
7	쓰레기가 된 큰 물건이나 집을 치우는 것을 무엇이라고 합니까?	V(4)	
8	고장난 것을 고치는 것을 무엇이라고 합니까?	V(4)	
9	어떤 문제를 해결할 수 있는 좋은 생각을 무엇이라고 합니까?	N(4)	
10	물건이나 집 등을 사고 파는 것을 무엇이라고 합니까?	N(2)	

▶ 정답 p.169

2-3 **어휘 활용 말하기** *다양한 표현을 생각해 보고 최대한 많이 말하세요.*

01 사고가
났습니다.
일어날 수 있습니다
· · · ·
· · · ·

02 인구가
줄어들고 있습니다.
많지 않습니다.
· · · ·
· · · ·

03 경제가
좋아지고 있습니다.
나빠지고 있습니다.
· · · ·
· · · ·

04 문제를
가지고 있습니다.
일으킵니다.
· · · ·
· · · ·

05 영향을
미칠 수 있습니다.
받게 됩니다.
· · · ·
· · · ·

06 어디에든
일자리가 있습니다.
사용할 수 있습니다.
· · · ·
· · · ·

07 계속
문제가 생기고 있습니다.
늘어나게 됩니다.
· · · ·
· · · ·

08 적극적으로
참여해야 합니다.
문제를 해결해야 합니다.
· · · ·
· · · ·

늘어날 것으로
감소할 것으로
· · · ·
09 전망합니다

1년 전에 학교를
10년 동안 살았던 고향을
· · · ·
10 떠났습니다

갈수록 빈집이
외국 유학생들이 점점
· · · ·
11 늘어납니다

어제 아파트에서 화재가
공사 중 사고가
· · · ·
12 발생했습니다

등록금이 없는 학생들을
몸이 불편한 노인들을
· · · ·
13 지원합니다

그 사람의 성격을
왜 빈집이 많은지
· · · ·
14 짐작할 수 있습니다

그 드라마 내용이
어떻게 생각하는지
· · · ·
15 궁금합니다

중고 물건의 판매가
학생들의 참여가
· · · ·
16 활발해집니다

STEP ❶

A 모임에 참여합니다.
B 【봉사하는】모임에 참여합니다.
01 참여합니다

인구가 감소합니다.
【   】인구가 ~
02 감소합니다

집이 무너졌습니다.
【   】집이 ~
03 무너졌습니다

가능성이 커집니다.
【   】가능성이 ~
04 커집니다

STEP ❷

A 집을 수리했습니다
B 【오래된】집을 수리했습니다.
C 【고향에 있는 오래된】집을 수리했습니다.
05 수리했습니다

문제를 해결했습니다.
【   】문제를 ~
【   】문제를 ~
06 해결했습니다

가방이 사라졌습니다.
【   】가방이 ~
【   】가방이 ~
07 사라졌습니다

STEP ❸

A 도서관을 이용합니다
B 【가까운】도서관을 이용합니다
C 【공부할 때 가까운 도서관을】이용합니다
D 【주말에 공부할 때 가까운 도서관을】이용합니다
08 이용합니다

지원이 필요합니다.
【   】지원이 ~
【   】지원이 ~
【   】지원이 ~
09 필요합니다

❶ 조사 결과에 따르면
  –(으)ㄹ 것으로
  전망되고 있습니다

A 조사 결과에 따르면 온라인 쇼핑이 계속 늘어날 것으로 전망되고 있습니다.
B
C

❷ 이렇게 –(으)면
  어떤 문제가 생길까요?

A 이렇게 빈집이 계속 늘어나면 어떤 문제가 생길까요?
B
C

❸ 이런 문제는 N에도
  영향을 미치게 됩니다

A 이런 문제는 지역 경제에도 영향을 미치게 됩니다.
B
C

❹ 첫 번째 방법은
  –는 것입니다

A 첫 번째 방법은 오래된 빈집을 수리해서 이용하는 것입니다.
B
C

 같은 뜻, 다른 표현으로 말하기 먼저 B에 알맞은 번호를 쓰세요. 혼자 또는 친구들과 연습해 보세요.

A

1	그럴 거라고 생각하고 있겠지만
2	사고가 쉽게 일어날 수 있습니다.
3	사고파는 사람들이 많아집니다.
4	사람이 살 수 없는 집이 됩니다.
5	마을이 없어질 수 있습니다.
6	경제가 심하게 나빠지는 건 당연합니다.
7	한 번에 다 볼 수 있습니다.
8	돈을 줘서 도와줘야 합니다.
9	어려운 사람을 도와줄 수 있습니다.
10	이미 알고 있는 것처럼

B

4	폐가가 됩니다
	어려운 사람에게 도움을 줄 수 있습니다.
	한눈에 볼 수 있습니다.
	경제적인 지원이 필요합니다.
	짐작하셨겠지만
	아시다피시
	거래가 활발해집니다.
	사고가 일어날 가능성이 커집니다.
	경제가 죽을 수밖에 없습니다.
	마을이 사라질 수 있습니다.

※ 혼자 연습할 때 이 부분을 가리고 말해 보세요.　▶정답 p.170

 짧은 발표 연습 Mini Presentation

01. 다음 예시 발표문을 읽으면서 연습해 보세요. 그리고 메모 카드를 만들어서 발표해 보세요.

이용객이 늘어야 도서관이 산다!

안녕하세요? 치엔입니다. 얼마 전 도서관을 찾는 사람들이 점점 줄고 있다는 뉴스를 들었습니다. 그래서 오늘은 도서관을 많이 이용할 수 있도록 하는 방안에 대해서 발표하려고 합니다.

사람들은 왜 도서관을 찾지 않을까요? 도서관은 책만 읽는 곳이라는 생각을 해서가 아닐까요? 요즘은 조용히 앉아서 책만 읽는 걸 지루해하는 사람들도 많습니다. 이런 문제를 해결하기 위해서는 도서관이 달라져야 합니다. 우선, 종이책뿐만 아니라 전자책이나 영상 자료가 많아야 합니다. 전자책에 익숙한 사람들도 늘어났기 때문입니다. 그리고 아이들이나 노인들, 장애인들은 영상 자료가 있으면 더 편리하게 이용할 수 있습니다. 다음으로 도서관에서 다양한 활동을 즐길 수 있어야 합니다. 음악도 듣고, 그림도 보고, 친구들을 만나서 이야기도 할 수 있는 그런 도서관을 만들어야 합니다.

지금까지 발표한 내용을 정리해서 말씀드리면 첫째, 도서관에 영상 자료가 많아야 하고요. 둘째, 도서관은 책만 읽는 곳이 아니라 문화생활을 즐기고, 뭔가를 배우고, 또 쉴 수 있는 곳이 되어야 한다는 것입니다. 앞으로 우리 주위에 이런 도서관이 많이 생겨서 사람들이 즐겨 찾는 곳이 되었으면 좋겠습니다. 잘 들어 주셔서 감사합니다.

☐ 글자수 : 611자　　☐ 시간 : 1분 30초~2분

02. 아래 예시를 참고해서 나만의 메모 카드를 직접 만들어 보세요.

1	2	3	4	5
도서관 찾는 사람 줄고 있다. 방안은?	왜 찾지 않을까? 1. 책만 읽는 곳? 지루해하는 사람들	문제 해결하는 법 1. 전자책, 영상 자료 많아야	2. 다양한 활동 즐길 수 있어야	정리-방안 2가지 주위에 이런 도서관 많이 생겼으면…

 ## 내 발표문 준비하기

01. 주제 알아보기 *발표하고 싶은 주제를 골라 보세요. 주제를 직접 찾아보는 것도 좋습니다.*

청소년의 SNS 중독	사이버 범죄 증가	유아 스마트폰 이용 증가	사회 문제에 대한 무관심
사라져 가는 전통문화	지나친 경쟁으로 인한 문제	출산율 감소 문제	우주 개발 시대의 문제
세대 갈등 문제	비만 인구 증가 문제	도시 인구 집중 문제	1인 미디어 증가 문제
아동 학대 문제	플라스틱 쓰레기 문제	가짜 뉴스 문제	디지털 교과서 문제
환경 오염으로 인한 문제	노인 빈곤 문제	외로움의 문제	?

02. 아이디어 모으기

03. 단계별 중심 내용 구성하기 *내 발표문에 필요한 항목에 ✔ 하세요.*

도입	☐ 가벼운 질문	☐ 경험	☐ 인용	☐ 일반적 사실	☐ 뉴스	☐ ?
본론	☐ 용어 설명	☐ 현재 상황	☐ 객관적 자료	☐ 예상되는 문제		
	☐ 문제 1	☐ 문제 2	☐ 예상되는 결과	☐ 해결 방안 1		
	☐ 해결 방안 2	☐ 내용 정리	☐ 나의 메시지	☐ ?		
마무리	☐ 핵심 내용 정리	☐ 퀴즈 내기	☐ 마지막 메시지	☐ 감사 표현	☐ 질문 받기	

꿀팁노트

- 전체 내용을 이해하는 데 필요한 중요한 단어는 미리 설명해야 합니다. 예) N(이)란?
- 문제와 관련된 조사 결과 등 객관적 자료를 찾아서 제시합니다.
- 현재 문제와 그로 인해 예상되는 문제들도 설명하는 것이 좋습니다.
- 해결 방법은 구체적으로 제시하는 것이 좋습니다.
- 앞에서 설명한 문제와 관련된 해결 방법을 제시해야 합니다. 문제와 해결방법이 다른 내용이면 안 됩니다.

04. 발표문 쓰고 연습하기 *예시 발표문을 참고해서 써 보세요.*

■ 나의 발표 주제: _______________________________　　　■ 발표 시간: 4분~5분

제목 : _______________________________

발표문 쓰기 → 피드백 → 읽고 연습하기 → 피드백 → 녹음하기 → 피드백 → 녹화하기 → 피드백 → 발표하기

확인하기
Self Check List

1. 발표문을 쓰고 피드백(feedback)을 받았습니까? ☐

2. 발표문을 5번 이상 읽으면서 연습했습니까? ☐

3. 메모 카드를 만들어서 연습했습니까? ☐

4. 발표하는 모습을 영상으로 찍었습니까? ☐

CHAPTER 4

제안과 건의를 위한 발표

내용구성	도입	→	본문	→	마무리
	• 시작 인사 • 도입-일반적 사실 • 발표 내용 소개		• 제안의 배경 • 세 가지 제안 • 세 가지 지원 방안		• 내용 정리 • 기억해야 할 메시지 • 감사 인사

지금은 소셜 미디어가 답이다

1 도입

안녕하세요? 마케팅 부서 아일린입니다. '페이스북, 인스타그램, 트위터', 많이 들어 보셨지요? 우리가 가장 많이 쓰는 소셜 미디어입니다. 세계 인구의 10명 중 6명이 사용하고 있고 기업들도 다양한 분야에서 활용하고 있습니다

2 현황

한 조사 결과를 보면, 한국의 소셜 미디어 이용률이 89%로 세계 2위라고 합니다. 아시다시피, 현재 우리 회사도 소셜 미디어 플랫폼을 쓰고 있지만 회사 실적에 큰 영향을 미치지 못하고 있습니다. 따라서 미디어가 주도하는 시대 흐름에 발맞춰 우리 회사도 이제 새로운 마케팅 전략을 세워야 한다고 봅니다. 저는 오늘 세 가지 제안과 함께 이에 대한 지원 방안도 말씀드리려고 합니다.

3 제안

우선 소셜 미디어 활용에 대한 제안부터 말씀드리면, 첫째, 주요 플랫폼을 중심으로 새로운 마케팅 전략을 세워야 한다는 것입니다. 그리고 둘째, 각 플랫폼의 특성을 분석해서 거기에 딱 맞는 맞춤형 콘텐츠를 제작해야 합니다. 셋째, 정기적으로 게시물을 업데이트하고 실시간으로 고객과 소통하는 시스템을 만들어야 합니다. 소통을 많이 할수록 회사를 알리는 데 유리합니다. 그리고 이런 전략은 당연히 회사 매출로 이어질 것입니다.

4 지원 방안

그렇다면 이런 제안이 실현되려면 어떤 지원이 필요할까요? 지금부터 지원 방안에 대해 구체적으로 말씀드리겠습니다. 먼저, 전문가가 필요합니다. 전문가가 있으면 미디어를 꾸준하게 모니터링할 수 있을 뿐만 아니라 소비자들의 반응까지 분석할 수 있습니다. 또, 플랫폼을 체계적으로 관리할 수 있다는 장점이 있지요. 다음으로 광고 예산을 늘려야 합니다. 소셜 미디어 광고가 적은 투자로 큰 효과를 낼 수 있다는 건 이미 잘 알고 계실 겁니다. 우리 회사가 미디어 광고에 더 집중한다면, 매출과 브랜드 가치를 동시에 높일 수 있습니다. 마지막으로 분석 프로그램이 필요합니다. 객관적인 데이터가 있으면 상황을 빠르게 분석할 수 있는 건 물론이고, 전략을 수정하고 보완하는 데도 큰 도움이 됩니다.

5 마무리

이상으로 소셜 미디어 활용에 대한 세 가지 제안과 지원 방안에 대해 말씀드렸습니다. 소셜 미디어야말로 마케팅 전략의 중심이 되어야 한다는 사실, 꼭 기억해 주셨으면 합니다. 그리고 여러분의 관심과 협조 부탁드립니다. 바쁘신데도 불구하고 시간 내 주셔서 감사합니다.

▶ 글자수 : 1119자
▶ 시 간 : 4분~5분

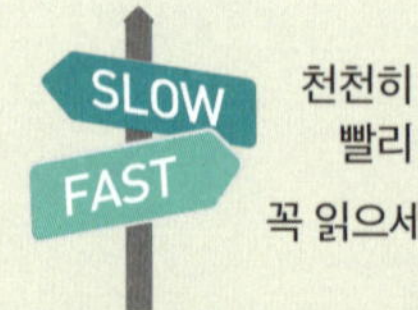

나의 속도

1번	___분	___초
2번	___분	___초
3번	___분	___초

	A 질문	※ N 명사 V 동사 A 형용사 ( ) 글자 수		B 대답
1	회사나 가게에서 물건을 판 돈 전체를 무엇이라고 합니까?	*※ 2글자 명사입니다.*	N(2)	'매출'이라고 합니다.
2	누군가에게 도움이나 돈을 주는 것을 무엇이라고 합니까?		N(2)	
3	직원들이 열심히 일해서 얻는 좋은 결과를 무엇이라고 합니까?		N(2)	
4	어떤 것을 정해 놓고 매년, 매월 규칙적으로 하는 것을 무엇이라고 합니까?		N(3)	
5	어떤 일이 이루어지는 바로 그 때 그 시간을 무엇이라고 합니까?		N(3)	
6	무엇을 할 때 더 좋은 상황에 있는 것을 어떻게 말합니까?		V(4)	
7	회사에서 물건이나 서비스를 많은 사람에게 알리고 팔기위해 하는 활동을 무엇이라고 합니까?		N(3)	
8	정부나 회사에서 어떤 일을 하는 데 필요한 돈을 무엇이라고 합니까?		N(2)	
9	더 많은 것을 얻기 위해 시간과 돈을 쓰는 것을 무엇이라고 합니까?		N(2)	
10	어떤 일을 잘하기 위해 미리 계획을 세우고 방법을 생각하는 것을 무엇이라고 합니까?		N(2)	

▶ 정답 p.170

1-3 **어휘 활용 말하기** *다양한 표현을 생각해 보고 최대한 많이 말하세요.*

01 활동을

많이 하고 있습니다.
중단했습니다.
· · · ·

02 전략을

준비하는 것이 좋습니다.
바꾸면 안됩니다.
· · · ·

03 콘텐츠를

제작합니다.
사용합니다.
· · · ·

04 지원이

필요합니다.
많아질 겁니다.
· · · ·

05 매출이

늘어나고 있습니다.
생각보다 좋지 않습니다.
· · · ·

06 실시간으로

고객들과 이야기합니다.
경기를 볼 수 있습니다.
· · · ·

07 꾸준하게

홍보하고 있습니다.
노력해야 합니다.
· · · ·

08 체계적으로

분석할 수 있습니다.
관리하고 있습니다.
· · · ·

다양한 온라인 콘텐츠를
홍보를 위해 기념품을
· · · ·

09 제작합니다

많은 데이터를 빠르게
시장의 변화를
· · · ·

10 분석할 수 있습니다

백화점에서 고객들을
팀장이 팀원들을
· · · ·

11 관리합니다

시간을 아낄 수 있다는
활용이 가능하다는
· · · ·

12 장점이 있습니다

긍정적인 영향을
직접적인 영향을
· · · ·

13 미칩니다

전에 세워 놓은 전략을
지난달에 만든 광고를
· · · ·

14 수정합니다

매출을 높이는 데
작업을 하는 데
· · · ·

15 유리합니다

적은 투자로 큰 효과를
회의에서 의견을
· · · ·

16 냅니다

STEP ❶

A 특성을 분석합니다.
B 【각 플랫폼의】 특성을 분석합니다.
01 분석합니다

알리는 데 유리합니다.
【   】알리는 데~
02 유리합니다

광고 예산을 ~
【   】광고 예산을 ~
03 늘려야 합니다

분석 프로그램이~
【   】분석 프로그램이 ~
04 필요합니다

STEP ❷

A 시스템을 만들어야 합니다.
B 【소통하는】 시스템을 만들어야 합니다.
C 【고객과 소통하는】 시스템을 만들어야 합니다.
05 만들어야 합니다

보완하는 데 큰 도움이 됩니다.
【   】보완하는 데 ~
【   】보완하는 데 ~
06 큰 도움이 됩니다

협조를 부탁드립니다.
【   】협조를 ~
【   】협조를 ~
07 부탁드립니다

STEP ❸

A 전략을 세워야 합니다.
B 【마케팅】전략을 세워야 합니다.
C 【새로운 마케팅】 전략을 세워야 합니다.
D 【시대 흐름에 맞게 새로운 마케팅】 전략을 세워야 합니다.
08 세워야 합니다

광고에 ~
【   】광고에 ~
【   】광고에 ~
【   】광고에 ~
09 집중해야 합니다

❶ −(으)면
− 는 데 도움이 됩니다

A 객관적 자료가 있으면 전략을 세우는 데 도움이 됩니다.
B
C

❷ −(으)ㄹ수록
−는 데 유리합니다

A 경험이 많을수록 취업하는 데 유리합니다.
B
C

❸ −기 위해서는
어떤 N이 필요할까요?

A 꿈을 이루기 위해서는 어떤 노력이 필요할까요?
B
C

❹ N 이야말로
N(이)라고 생각합니다

A 건강이야말로 행복한 삶의 조건이라고 생각합니다
B
C

A	
1	조사한 내용을 보면
2	마케팅에서 제일 중요합니다.
3	돈을 적게 썼지만 좋은 결과가 나왔습니다.
4	도와줄 수 있는 방법에 대해 말하려고 합니다.
5	고객을 위해 행사를 규칙적으로 엽니다.
6	고객과 더 많이 만나고 대화해야 합니다.
7	잘 되고 있는지 계속 지켜봐야 합니다.
8	광고를 어떻게 할지 자세히 계획합니다.
9	내용을 고치고 부족한 부분을 채웁니다.
10	많이 알리고 많이 팔 수 있는 방법을 생각합니다.

B	
3	적은 투자로 큰 효과를 얻었습니다.
	고객과의 소통을 늘려야 합니다.
	꾸준하게 모니터링해야 합니다.
	내용을 수정하고 보완합니다.
	조사 결과에 따르면
	지원 방안에 대해 말씀드리려고 합니다.
	고객 이벤트를 정기적으로 진행합니다.
	광고 전략을 구체적으로 세웁니다.
	마케팅의 핵심입니다.
	홍보와 판매 전략을 구상합니다.

※ 혼자 연습할 때 이 부분을 가리고 말해 보세요. ▶정답 p.170

1-7 **짧은 발표 연습** Mini Presentation

01. 다음 예시 발표문을 읽으면서 연습해 보세요. 그리고 메모 카드를 만들어서 발표해 보세요.

글로벌 메뉴의 날

안녕하세요, 영업부 알란입니다. 여러분 오늘 점심 맛있게 드셨나요? 우리 회사 구내식당은 항상 따뜻하고 든든한 점심이 나오는 걸로 유명하지요. 사실 직장인들에게 점심시간은 배를 채우는 것뿐 아니라, 동료들과 같이 밥 먹는 즐거움이 있는 그런, 시간입니다. 이 즐거운 시간에 색다른 메뉴가 나온다면 더 즐겁지 않을까요? 그래서 저는 여러 나라의 대표 음식을 먹어볼 수 있는 '글로벌 메뉴의 날'을 제안합니다. 이탈리아의 파스타, 태국의 팟타이, 멕시코의 타코처럼 그 나라에서 가장 유명한 음식을 구내식당에서 맛볼 수 있다? 정말, 상상만 해도 즐겁습니다. 새로운 음식도 맛보고 식사 시간에 대화도 더 많이 하게 될 것 같습니다. 예를 들면 오늘 메뉴는 맛이 어땠는지, 입맛에 잘 맞는지, 그 나라에 가보았는지 등 이야기가 꼬리에 꼬리를 물고 이어질 수 있습니다. 이런 대화로 서로를 더 잘 알게 되면 팀별 업무에도 긍정적인 효과를 가져올 것입니다. 이렇게 작은 변화가 '나비 효과'를 만듭니다. 우리 일상에 활기가 생기면 일도 더 열심히 하게 될 겁니다. 여러분도 이런 변화를 원하신다면, 이 제안이 이루어지도록 응원해 주십시오! 감사합니다.

☐ 글자수 : 585자　　☐ 시간 : 1분 30초~2분

02. 아래 예시를 참고해서 나만의 메모 카드를 직접 만들어 보세요.

1	2	3	4	5
구내식당 따뜻하고 든든한 점심 배를 채우다	밥 먹는 즐거움 색다른 메뉴 나오다 글로벌 메뉴의 날	이탈리아 파스타 태국 팟타이 멕시코 타코	상상만 해도 즐겁다 꼬리에 꼬리를 물다	긍정적인 효과 나비 효과 일상에 활기 생기다

01. 주제 알아보기 *발표하고 싶은 주제를 골라 보세요. 주제를 직접 찾아보는 것도 좋습니다.*

회사 기부금 활용 방안	학교 내 CCTV 확대 제안	사내 편의시설 설치 제안	다양한 광고 방식 제안
교내 상벌 제도에 대한 제안	학교 시설 개선 제안	문화 다양성 교육 제안	친환경 캠페인 제안
학교 축제 활성화 제안	직원들 간 교류 활성화 제안	특별한 연말 행사 제안	이직률 줄이기 제안
학생 멘토링 제도 제안	직원 건강 프로그램 제안	고객 서비스 확대 제안	독서량 늘리기 위한 제안
사내 동호회 활성화 방안	재미있는 수업을 위한 제안	회사 내 물품 절약 제안	?

02. 아이디어 모으기

03. 단계별 중심 내용 구성하기 *내 발표문에 필요한 항목에 ✔ 하세요.*

도입	☐ 가벼운 질문	☐ 경험	☐ 인용	☐ 일반적 사실	☐ 뉴스	☐ ?
본론	☐ 제안의 배경	☐ 현재 문제들	☐ 상황의 의미	☐ 필요성		
	☐ 제안 1	☐ 제안 2	☐ 제안 3	☐ 근거		
	☐ 제안 실현 방안	☐ 구체적 예시	☐ 기대 효과	☐ ?		
마무리	☐ 핵심 내용 정리	☐ 퀴즈 내기	☐ 마지막 메시지	☐ 감사 표현	☐ 질문 받기	

꿀팁 노트

- 제안을 하기 전에 제안을 하는 이유나 배경을 제시하는 것이 좋습니다.
- 필요할 경우, 객관적이고 구체적인 자료를 찾아서 보여줘야 합니다.
- 제안의 목적이 무엇인지도 분명히 말해야 합니다.
- 제안을 실현하기 위해 어떻게 해야 하는지 구체적인 방향을 제시하는 것이 좋습니다.
- 청중을 설득하기 위해 제안의 결과, 기대 효과에 대해서 설명해야 합니다.

04. 발표문 쓰고 연습하기 *예시 발표문을 참고해서 써 보세요.*

■ 나의 발표 주제:

■ 발표 시간: 4분~5분

제목 :

발표문 쓰기 → 피드백 → 읽고 연습하기 → 피드백 → 녹음하기 → 피드백 → 녹화하기 → 피드백 → 발표하기

확인하기
Self Check List

1. 발표문을 쓰고 피드백(feedback)을 받았습니까? ☐
2. 발표문을 5번 이상 읽으면서 연습했습니까? ☐
3. 메모 카드를 만들어서 연습했습니까? ☐
4. 발표하는 모습을 영상으로 찍었습니까? ☐

2-1 예시 발표문

내용구성	도 입	→	본 문	→	마무리
	• 시작 인사 • 도입-유행어 인용 • 발표 내용 소개		• 건의의 배경 - 최근 설문조사 결과 • 건의 1, 2, 3 + 근거		• 내용 정리 • 결과 및 기대 효과 • 감사 인사

일하기 좋은 회사를 만들자

1 도입

안녕하세요~ 저는 영업부 유키입니다. 여러분, 혹시 '고생 끝에 골병 든다'라는 말, 들어 본 적 있습니까? 열심히 일했는데 좋은 결과는커녕 병만 생겼다는 말입니다. 여러분도 공감하시나요? 이런 말이 나온 건 일이 너무 힘들기 때문입니다. 저는 직원들이 더 나은 업무 환경에서 즐겁게 일할 수 있도록 우리 회사도 달라졌으면 좋겠습니다. 그래서 오늘 업무 환경 개선에 대한 건의를 드리려고 합니다.

2 배경

지난번에 마케팅 부서에서 '업무 환경 개선'에 관한 설문조사를 했는데요. 그 결과를 보면 전체 직원 중 40%가 불필요한 회의가 많다고 응답했습니다. 그다음으로 출퇴근 시간때문에 힘들다고 말한 직원들이 38%, 부서 간 소통이 원활하지 않다고 응답한 직원이 22%였습니다. 이 조사 결과를 바탕으로 제가 생각하는 세 가지 안을 말씀드리겠습니다.

3 건의 + 근거

첫 번째는 불필요한 회의를 줄이는 것입니다. 그러기 위해서 먼저 해야 할 일이 있습니다. 회의를 주관하는 부서에서 회의 안건을 미리 공지해야 하고 그 안건과 관련된 사람만 참석하도록 하는 것입니다. 만일 추가로 회의가 필요하다면 이메일, 메신저, 또는 협업 도구를 활용하면 됩니다. 이렇게 하면 더 효율적으로 회의를 진행할 수 있고, 회의하는 횟수도 확 줄어듭니다. 다음은 출퇴근 시간을 자율에 맡기는 것입니다. 사실, 직장인들의 출퇴근 스트레스는 어제오늘의 일이 아닙니다. 그래서 저는 부서에 따라서 출퇴근 시간을 조정하는 것이 좋다고 생각합니다. 예를 들면 미국을 담당하고 있는 영업부는 오후에 출근합니다. 이렇게 하면 일하기도 훨씬 편해지고 일의 능률도 올라가지 않을까요? 직원들은 일찍 출근해야 한다는 부담이 줄어드니까 업무 만족도가 높아지겠죠! 마지막으로 소통 플랫폼을 만드는 것입니다. 부서 간 소통이 잘 안되면 함께 진행하는 일에 문제가 생길 수 있습니다. 당연히 업무 속도도 느려지게 됩니다. 하지만 플랫폼을 통해서 업무 내용, 자료들을 공유하면 문제가 생기더라도 바로바로 해결할 수 있습니다. 온라인으로 소통하니까 오히려 더 편하게, 더 자주 할 수 있고, 정보를 전달하기도 쉽습니다. 이렇게 하면 일이 효율적으로 진행되기 때문에, 불만과 갈등도 줄어들 것입니다.

4 마무리

지금까지 제가 건의한 내용은 세 가지였습니다. 회의를 줄이고, 출퇴근 시간을 자율로 하는 것, 그리고 소통 플랫폼을 만들자는 것입니다. 이런 회사에서 일하면 우리는 고생 끝에 "골병 든다"가 아니라 "낙(樂)이 온다"라는 말을 입에 달고 살 것입니다. 회사 차원에서 이 문제를 긍정적으로 검토해 주신다면 정말 감사하겠습니다. 모두 잘 들어 주시고 제 이야기에 호응해 주셔서 감사합니다.

▶ 글자수 : 1303자
▶ 시 간 : 4분~5분

크게 읽으세요!

SLOW / FAST
천천히 3번
빨리 3번
꼭 읽으세요!!

나의 속도

	1번	_____분 _____초
	2번	_____분 _____초
	3번	_____분 _____초

	A 질문	※ N 명사 V 동사 A 형용사 ( ) 글자 수		B 대답
1	힘들고 어려운 일을 하는 것을 무엇이라고 합니까?	*※ 2글자 명사입니다.*	N(2)	'고생'이라고 합니다.
2	오랫동안 너무 힘들어서 생긴 병을 무엇이라고 합니까?		N(2)	
3	큰 일이나 행사를 맡아서 하는 것을 무엇이라고 합니까?		V(4)	
4	사람들을 연결하고 정보를 주고받을 수 있도록 한 IT 환경을 무엇이라고 합니까?		N(3)	
5	불편하거나 잘못된 점을 고쳐서 더 좋게 만드는 것을 무엇이라고 합니까?		V(4)	
6	하나의 목표를 위해 서로 도우면서 일하는 것을 무엇이라고 합니까?		N(2)	
7	물건을 팔기 위해 손님을 찾아다니는 회사 부서를 무엇이라고 부릅니까?		N(3)	
8	자기 스스로 결정하고 행동하는 것을 무엇이라고 합니까?		N(2)	
9	시간과 노력을 적게 들이고 좋은 결과를 만들어 내는 것을 무엇이라고 합니까?		N(3)	
10	즐겁고 행복한 것을 한 글자로 어떻게 말합니까?		N(1)	

▶ 정답 p.171

2-3 **어휘 활용 말하기** *다양한 표현을 생각해 보고 최대한 많이 말하세요.*

01 업무 환경을

개선합니다.
변화시켜야 합니다.
· · · ·

02 설문조사를

실시했습니다.
다시 해야 합니다.
· · · ·

03 소통이

어렵습니다.
원활합니다.
· · · ·

04 부담이

생길 수 있어요.
커졌어요.
· · · ·

05 문제가

생기더라도 걱정 마세요.
해결될 겁니다.
· · · ·

06 문제를

이해했습니다.
크게 만들지 마세요.
· · · ·

07 효율적으로

일해야 합니다.
회의를 진행합니다.
· · · ·

08 온라인으로

직원들과 소통합니다.
한국어를 배웁니다.
· · · ·

80%가 회의가 많다고
출근하기가 힘들다고
· · · ·

학교에서 행사를
회사에서 회의를
· · · ·

모임 장소와 시간을
다음과 같이
· · · ·

전문가에게 일을
강아지를 친구에게
· · · ·

09 응답했습니다

10 진행합니다

11 공지합니다

12 맡깁니다

업무 능률이
엘리베이터가
· · · ·

동료에게 업무 내용을
친구에게 모임 시간을
· · · ·

복잡한 일을 바르게
어떤 일이든지 혼자서
· · · ·

불만과 갈등이
쓰레기의 양이 점점
· · · ·

13 올라갑니다

14 전달합니다

15 해결합니다

16 적어집니다

 문장 길게 말하기 쓰지 말고 말하세요. 혼자 또는 친구들과 연습해 보세요. 예시 답안(p.171)을 참고하세요.

STEP ❶

A 횟수가 줄어듭니다.
B 【회의하는】 횟수가 줄어듭니다.
01 줄어듭니다

전달하기 쉽습니다.
【   】 전달하기 ~
02 쉽습니다

오후에 출근합니다.
【   】 오후에~
03 출근합니다

소통이 잘 안 됩니다.
【   】 소통이 ~
04 잘 안 됩니다

STEP ❷

A 많다고 응답했습니다.
B 【회의가】 많다고 응답했습니다.
C 【불필요한 회의가】 많다고 응답했습니다.
05 응답했습니다

조정하는 것이 좋습니다.
【   】 조정하는 것이 ~
【   】 조정하는 것이 ~
06 좋습니다

긍정적으로 검토해 주십시오.
【   】 긍정적으로 ~
【   】 긍정적으로 ~
07 검토해 주십시오

STEP ❸

A 문제가 생길 수 있습니다.
B 【일에】 문제가 생길 수 있습니다.
C 【진행하는 일에】 문제가 생길 수 있습니다.
D 【우리 팀에서 진행하는 일에】 문제가 생길 수 있습니다.
08 생길 수 있습니다

일하기가 편해집니다.
【   】 일하기가 편해집니다.
【   】 일하기가 편해집니다.
【   】 일하기가 편해집니다.
09 편해집니다

 문장 유형으로 말하기 혼자 또는 친구들과 연습해 보세요. 문장을 최대한 많이 말하세요. ※ p.171 답안 참고

❶ N에 따라서
–는 것이 좋다고
생각합니다

A 부서에 따라서 출퇴근 시간을 조정하는 것이 좋다고 생각합니다.
B
C

❷ N이 줄어드니까
N이 높아집니다

A 부담이 줄어드니까 업무 만족도가 높아집니다.
B
C

❸ N은
어제오늘의 일이 아닙니다

A 직장인들의 출퇴근 스트레스는 어제오늘의 일이 아닙니다.
B
C

❹ "_____" 라는 말을
입에 달고 살 것입니다

A "행복합니다."라는 말을 입에 달고 살 것입니다.
B
C

 같은 뜻, 다른 표현으로 말하기 먼저 B에 알맞은 번호를 쓰세요. 혼자 또는 친구들과 연습해 보세요.

A

1 회의 시간을 줄이는 것입니다.
2 일 때문에 불편해지거나 싸우는 일이 적습니다.
3 정해진 시간에 더 많은 일을 할 수 있습니다.
4 어떤 것을 스스로 결정하도록 합니다.
5 걱정은 줄어들고 마음이 편안해집니다.
6 생각이나 말이 잘 통하지 않습니다.
7 일하는 환경을 더 좋게 만듭니다.
8 팀이 함께 일할 수 있게 도와주는 도구를 씁니다.
9 회의 전에 회의 주제를 알려줍니다.
10 힘들어도 열심히 하면 좋은 결과를 얻을 수 있습니다.

B

7	업무 환경을 개선합니다.
	회의 시간을 단축하는 것입니다.
	자율에 맡깁니다.
	회의 전에 회의 안건을 공지합니다.
	협업 도구를 활용합니다.
	의사소통이 원활하지 않습니다.
	고생 끝에 낙(樂)이 옵니다.
	업무 갈등이 많지 않습니다.
	업무 능률이 향상됩니다.
	마음의 부담이 줄어듭니다.

※ 혼자 연습할 때 이 부분을 가리고 말해 보세요. ▶정답 p.171

 짧은 발표 연습 Mini Presentation

01. 다음 예시 발표문을 읽으면서 연습해 보세요. 그리고 메모 카드를 만들어서 발표해 보세요.

자판기로 행복 충전

안녕하세요, 셀리나입니다. 우리 학교는 음료 자판기가 몇 대일까요? 네, 한 대입니다. 그래서 그 앞에 길게 줄을 서서 기다린 적이 있을 겁니다. 이 자판기 문제는 사소해 보이지만 우리 학생들에게는 중요한 문제이기 때문에 건의드립니다.

현재 학교에 있는 자판기는 1층에 단 한 대뿐입니다. 그래서 학생들은 음료수를 사기 위해 기다려야 합니다. 그러다 보니 쉬는 시간 10분 동안 원하는 음료를 사지 못하는 학생들이 많습니다. 그리고 음료수 종류도 많지 않습니다. 그렇다면 음료 자판기에 관한 저의 반짝이는 아이디어 들어 보시겠습니까?

층마다 종류가 다른 음료 자판기를 설치하면 문제는 간단히 해결됩니다. 예를 들면 1층에는 주스와 차 자판기, 2층에는 탄산음료와 에너지 음료 자판기, 그리고 3층에는 건강 음료와 물이 있는 자판기를 두는 건데요. 이렇게 하면 두 가지 좋은 점이 있습니다. 우선 학생들이 각자 원하는 음료수를 사러 다른 층으로 이동하기 때문에 한곳으로 모이지 않습니다. 당연히 줄 서는 시간이 줄어들겠죠? 그리고 학생들은 취향에 따라 다양한 음료수를 마실 수 있습니다.

자판기 문제가 해결되면 학교생활이 더 편안해질 겁니다. 학생들의 편의를 위해 자판기 설치 문제를 빨리 검토해 주셨으면 합니다. 제 의견에 공감을 보내 주신 여러분께 진심으로 감사드립니다.

☑ 글자수 : 657자   ☑ 시간 : 1분 30초~2분

02. 아래 예시를 참고해서 나만의 메모 카드를 직접 만들어 보세요.

1	2	3	4	5
음료 자판기 줄 서서 기다리다 중요한 문제	자판기 1층 단 1대 쉬는 시간, 10분 종류 많지 않다	1층 주스와 차 2층 탄산/에너지 음료 3층 건강음료와 물	두 가지 효과 줄 서는 시간 줄다 다양한 음료수 마심	학생들의 편의 자판기 설치 빠른 검토

2-8 내 발표문 준비하기

01. 주제 알아보기 발표하고 싶은 주제를 골라 보세요. 주제를 직접 찾아보는 것도 좋습니다.

도서관에 대한 건의	학교와 학교 간 교류 건의	수업 외 활동에 대한 건의	다양한 봉사활동 건의
교내 식당에 대한 건의	수학여행에 대한 건의	팀 프로젝트에 대한 건의	상담 프로그램 관련 건의
직원 복지에 대한 건의	한국어 말하기 대회 건의	정기 모임에 대한 건의	신입 사원을 위한 건의
재택근무 관련 건의	기부 방식에 대한 건의	송년회에 대한 건의	장기 자랑 대회 관련 건의
학교 휴게 시설에 대한 건의	학과 MT에 대한 건의	외국 직원들을 위한 건의	?

02. 아이디어 모으기

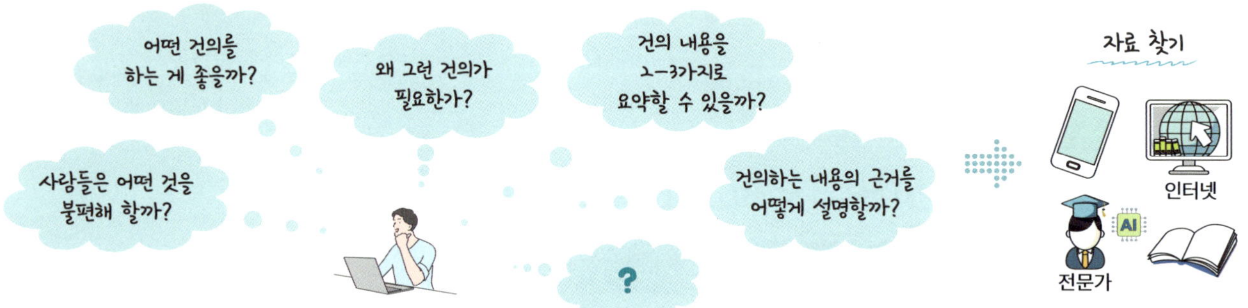

03. 단계별 중심 내용 구성하기 내 발표문에 필요한 항목에 ✔ 하세요.

도입	☐ 가벼운 질문	☐ 경험	☐ 인용	☐ 일반적 사실	☐ 뉴스	☐ ?
본론	☐ 문제 제기	☐ 문제의 배경	☐ 문제 원인 분석	☐ 건의 개요		
	☐ 건의 1	☐ 건의 1의 근거	☐ 건의 2	☐ 건의 2의 근거		
	☐ 건의 3	☐ 건의 3의 근거	☐ 기대 효과	☐ ?		
마무리	☐ 핵심 내용 정리	☐ 퀴즈 내기	☐ 마지막 메시지	☐ 감사 표현	☐ 질문 받기	

꿀팁 노트

- '건의 사항'에 관한 발표문은 현재 필요한 것을 말하고 그것이 왜 필요한지 설명해야 합니다.
- 필요한 것을 건의할 때는 구체적이고, 실제로 이루어질 가능성이 큰 것을 말해야 합니다.
- 자기 경험이나 주변에서 흔히 볼 수 있는 사례들을 이야기하면 청중의 공감을 얻기 쉽습니다.
- 건의할 때 설득력을 높이려면 다른 곳에서 성공한 사례를 활용하는 것이 좋습니다.
- 문제점을 말할 때는 너무 부정적으로 말하지 말고 예의를 갖춰 부드럽게 표현하면 좋습니다.

■ 나의 발표 주제: ________________________________   ■ 발표 시간: 4분~5분

제목 : ________________________________

발표문 쓰기 → 피드백 → 읽고 연습하기 → 피드백 → 녹음하기 → 피드백 → 녹화하기 → 피드백 → 발표하기

확인하기
Self Check List

1. 발표문을 쓰고 피드백(feedback)을 받았습니까? ☐
2. 발표문을 5번 이상 읽으면서 연습했습니까? ☐
3. 메모 카드를 만들어서 연습했습니까? ☐
4. 발표하는 모습을 영상으로 찍었습니까? ☐

CHAPTER 5

스토리텔링을 위한 발표

1 옛날 옛적에

내용구성	도 입	→	본 문	→	마무리
	• 시작 인사 • 도입-가벼운 질문 • 이야기 제목 소개		• 사건의 배경, 시작 • 사건의 전개 ⎱ 줄거리 • 사건의 결말		• 이야기의 의미 • 전하고 싶은 말 • 감사 인사

금도끼 은도끼 -정직한 나무꾼의 이야기-

1 도입

안녕하세요? 한스입니다. 여러분은 좋은 것을 갖고 싶은 욕심 때문에 거짓말한 적이 있으세요? 사람들은 나쁘다는 걸 알면서도 거짓말을 할 때가 있습니다. 그렇지만 저는 정직하게 살아가는 것이 정말 중요하다고 생각합니다. 그래서 오늘은 한국의 옛날이야기 "금도끼 은도끼"를 소개하려고 합니다.

2 배경

옛날 옛적에, 한 나무꾼이 살고 있었습니다. 그 나무꾼은 산에 있는 나무를 베어서 시장에 팔았습니다. 그 시절 나무꾼들은 대부분 가난했고 오늘 이야기의 주인공도 마찬가지였습니다. 나무꾼에게는 아주 오래되고 낡은 쇠도끼가 하나 있었는데 그 도끼는 나무꾼의 전 재산이었습니다.

3 줄거리

그날도 나무꾼은 돈을 벌기 위해 산으로 갔습니다. 그리고 호수 근처에 있는 나무를 베다가 그만 실수로 도끼를 호수에 빠뜨렸습니다. 나무꾼은 너무 놀라서 세상을 다 잃은 것처럼 엉엉 울었습니다. 도끼가 없으면 일도 할 수 없고 돈도 벌 수 없었거든요.

바로 그때, '펑'하는 소리와 함께 호수에서 길고 하얀 수염을 가진 산신령이 나타났습니다. 산신령은 산을 지키는 신입니다. 산신령은 울고 있는 나무꾼에게 "무슨 일이냐?"라고 물었습니다. 나무꾼은 "도끼를 호수에 빠뜨렸습니다."라고 대답했습니다. 그러자 산신령은 그 도끼를 찾아주겠다고 하면서 호수로 들어갔습니다. 잠시 후, 산신령은 호수에서 금도끼를 들고 나와 "이 금도끼가 네 도끼냐?"라고 물었습니다. 나무꾼은 "그 금도끼는 제 도끼가 아닙니다."라고 말하면서 고개를 저었습니다. 산신령은 다시 호수로 들어갔습니다. 조금 후에 은도끼를 가지고 나타나서 이 은도끼가 네 도끼냐고 물었습니다. 이번에도 나무꾼은 은도끼도 자기 도끼가 아니라고 했습니다. 산신령은 마지막으로 낡고 오래된 쇠도끼를 나무꾼에게 보여 주었습니다. 그 도끼를 보자 자기 도끼가 맞다고 하면서 기뻐했습니다.

사실 산신령은 처음부터 나무꾼의 도끼가 쇠도끼라는 걸 알고 있었습니다. 그런데 예상과 달리 거짓말을 하지 않는 나무꾼의 정직한 모습에 감동했습니다. 그래서 금도끼, 은도끼 그리고 쇠도끼까지 모두 주었습니다.

4 마무리

여러분은 이 이야기를 들으면서 어떤 생각을 하셨나요? 나도 나무꾼처럼 정직하게 살아야겠다고 생각하셨나요? 아니면, 요즘은 그렇게 살면 안 된다고 생각하셨나요? '금도끼 은도끼' 이야기를 통해 우리는 정직한 삶에 대해 생각해 볼 수 있었습니다. 혹시 이 이야기에 대해서 나누고 싶은 의견이 있으시면 언제든지 말씀해 주세요. 들어 주셔서 감사합니다.

▶ 글자수 : 1211자
▶ 시 간 : 4분~5분

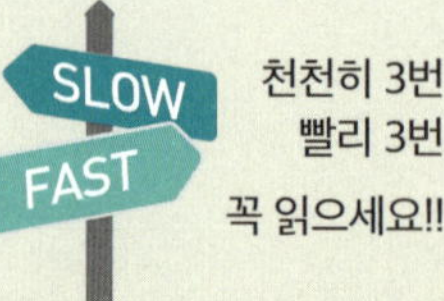

나의 속도

1번	___분 ___초
2번	___분 ___초
3번	___분 ___초

	A 질문	※ N 명사 V 동사 A 형용사 ( ) 글자 수		B 대답
1	사람들이 가지고 있는 돈, 물건, 땅, 집 등을 무엇이라고 합니까?	*※ 2글자 명사입니다.*	N(2)	'재산'이라고 합니다.
2	옛날에 산에서 나무를 베어 시장에 파는 사람을 뭐라고 불렀습니까?		N(3)	
3	나무를 자를 때 쓰는 도구입니다. 이 도구를 무엇이라고 합니까?		N(2)	
4	오래 사용해서 상태가 안 좋은 것을 어떻게 말합니까?		V(2)	
5	물건을 물에 떨어뜨리는 것을 어떻게 말합니까?		V(4)	
6	산에 살면서 산을 지키는 신을 어떻게 부릅니까?		N(3)	
7	남자의 턱이나 코 밑에 나는 털을 무엇이라고 합니까?		N(2)	
8	거짓말하지 않고 있는 그대로 말하거나 행동하는 것을 무엇이라고 말합니까?		A(4)	
9	이야기나 드라마에서 가장 중요한 인물로 나오는 사람을 무엇이라고 합니까?		N(3)	
10	아니라고 말하면서 고개를 옆으로 흔드는 것을 어떻게 말합니까?		V(2)	

▶ 정답 p.171

1-3 어휘 활용 말하기 *다양한 표현을 생각해 보고 최대한 많이 말하세요.*

01 고개를
저었습니다.
흔들었습니다.
· · · ·

02 나무를
베었습니다.
심었습니다.
· · · ·

03 호수에
도끼를 빠뜨렸습니다.
수영하러 들어갔습니다.
· · · ·

04 감동을
받았습니다.
느꼈습니다.
· · · ·

05 예상과 달리
거짓말을 하지 않았습니다.
우리팀이 이겼습니다.
· · · ·

06 오래된
도끼가 있습니다.
장난감을 버렸습니다.
· · · ·

07 정직하게
행동했습니다.
사업을 했습니다.
· · · ·

08 언제든지
말해 주세요.
부탁하세요.
· · · ·

나무를 하러 산으로
친구를 만나러 학교에
· · · ·
09 갔습니다

도끼를 호수에
휴대폰을 물에
· · · ·
10 빠뜨렸습니다

갑자기 산신령이
드디어 마을이 눈앞에
· · · ·
11 나타났습니다

은행에 어떻게 가는지
선생님께 궁금한 것을
· · · ·
12 물었습니다

도끼를 나무꾼에게
친구에게 여행 사진을
· · · ·
13 보여 주었습니다

나무꾼에게
그의 행동에
· · · ·
14 감동했습니다

어떤/무슨
정직하게 살아야겠다는
· · · ·
15 생각을 했어요?

정직한 삶이
내일 할 일이
· · · ·
16 무엇인지 생각합니다

❶ 너무 -아/어서
N(-는 것) 처럼
-았/었습니다

A 너무 놀라서 아이처럼 엉엉 울었습니다.

B

C

❷ N이 없으면
N도 -(으)ㄹ 수 없고,
N도 -(으)ㄹ 수 없습니다

A 도끼가 없으면 일도 할 수 없고 돈도 벌 수 없습니다.

B

C

❸ -다가
-았/었습니다

A 영화를 보다가 휴대전화를 확인했습니다.

B

C

❹ N처럼 -게
살아야겠습니다

A 나무꾼처럼 정직하게 살아야겠습니다.

B

C

A
1 거짓말을 할 때가 있습니다.
2 나무꾼들은 대부분 돈이 없습니다.
3 서로 자기의 생각을 이야기합니다.
4 돈을 벌기 위해 산으로 갔습니다.
5 가진 것을 다 잃은 것처럼 울었습니다.
6 거짓말하지 않고 말합니다.
7 아니라고 하면서 고개를 양옆으로 흔들었습니다.
8 나무꾼이 가진 것은 이 도끼가 전부입니다.
9 도끼가 호수에 빠졌습니다.
10 그렇게 살면 안 된다고 생각합니까?

B
8 이 도끼가 나무꾼의 전 재산이었습니다.
☐ 정직하게 말합니다.
☐ 아니라고 하면서 고개를 저었습니다.
☐ 세상을 다 잃은 것처럼 울었습니다.
☐ 도끼를 호수에 빠뜨렸습니다.
☐ 서로 의견을 나눕니다.
☐ 생계를 유지하기 위해 산으로 갔습니다.
☐ 그런 삶은 옳지 않다고 여깁니까?
☐ 나무꾼들은 대부분 가난합니다.
☐ 거짓말을 하는 경우가 있습니다.

※ 혼자 연습할 때 이 부분을 가리고 말해 보세요. ▶정답 p.171

01. 간접 화법이란? *누군가 한 말을 다른 사람에게 전하는 것입니다.*

				* 축약 표현
이번에 장학금을 받아요.	⇄	V - ㄴ/는다고	이번에 장학금을 받**는다고 해요.**	~ 받는대요
값이 비싸요.	⇄	A -다고	값이 비싸**다고 말했어요.**	~ 비싸대요
저 사람이 의사예요.	⇄	N(이)라고	저 사람이 의사**라고 했어요.**	~ 선생님이래요
어디에 가요?	⇄	V/A-냐고	어디에 가**냐고 물어요.**	~ 가냬요
비빔밥이 얼마예요?	⇄	N(이)냐고	비빔밥이 얼마**냐고 했어요.**	~ 얼마냬요
이 가방이 타오거야?	⇄	V/A-냐고	이 가방이 타오 거**냐고 물었어요.**	~ 거냬요
다음 주에 등산 가자.	⇄	V -자고	다음 주에 등산 가**자고 해요.**	~ 가재요
아침을 꼭 드세요.	⇄	V -(으)라고	아침을 꼭 먹**으라고 말했어요.**	~ 먹으래요

02. 연습하기 *친구와 같이 연습하세요. 쓰지 말고 말하세요.* ※ p.171 답안 참고

1 한스 : "어제 가족들과 외식을 했어요."

한스 씨가 _____________________________ .

2 미리암 : "오늘 날씨가 정말 추워요."

미리암 씨가 _____________________________ .

3 오빠 : "너 이 모자 살거야?

_____________________________ .

4 제니 : "수업 끝나고 같이 도서관에 갈까요?"

_____________________________ .

5 선생님 : "내일까지 숙제를 제출하세요."

_____________________________ .

6 의사 선생님 :"매일 운동하세요."

_____________________________ .

7 수아 : 의자에 같이 앉아요.

_____________________________ .

8 과장님 : 오늘 다 같이 회식합시다.

_____________________________ .

9 친구 : "볼펜 좀 빌려줘."

친구가 _____________________________ .

주다 → 달라고 하다

10 친구 : "내 이름은 아리야"

_____________________________ .

내 → 자기

11 나무꾼 : "제 도끼가 아니에요."

_____________________________ .

제 → 자기

12 선생님 : "교실에서 떠들지 마세요."

_____________________________ .

▶ 친구와 함께 문장을 만들어서 말해 보세요.

1 ○ ○ : "_____________________________ ?"

_____________________________ .

2 ○ ○ : "_____________________________ ?"

_____________________________ .

01. 이야기 말하기

<table>
<tr><td>들어
가기</td><td>✓ 옛날 이야기를 할 때 자주 쓰는 표현이 있습니다. 이야기를 시작할 때 이 표현을 쓰면 좋습니다.
✓ 이야기 속에 어떤 문제나 갈등이 있는지, 어떻게 해결해야 하는지 생각하고 말합니다.
✓ 주인공이 문제를 해결하는 장면에서는 흥미를 끌 수 있도록 실감나게 말합니다.
✓ 문제가 해결된 후, 이 이야기가 주는 교훈이 무엇인지 생각하면서 말합니다.</td></tr>
</table>

금도끼 은도끼 - 아래 그림을 보고 이야기해 보세요.

(1) 기 *이야기의 시작*	(2) 승 *문제 발생*	(3) 전 *문제 해결*	(4) 결 *결론과 교훈*

그림
보고
말하기
※ *p.172*

옛날에 착한 나무꾼이 _____①_____ (살다). 나무꾼은 산에서 _____②_____ (나무를 베다) 시장에 팔았습니다.
어느 날 나무꾼은 실수로 도끼를 호수에 _____③_____ . 나무꾼은 당황해서 어쩔 줄 몰랐습니다. 그때 호수에서 '펑'하는 소리와 함께
산신령이 _____④_____ . 산신령은 먼저 _____⑤_____ 를 보여 주며 금도끼가 나무꾼의 도끼인지 물었습니다. 나무꾼은 금도끼는 자신의
도끼가 아니라고 말했습니다. 그다음으로 산신령은 _____⑥_____ 를 보여 주며 나무꾼에게 물었지만, 은도끼도 자기 도끼가 아니라고
했습니다. 마지막으로 _____⑦_____ 를 꺼내 보여 주었고, 나무꾼은 기뻐하면서 쇠도끼가 _____⑧_____ 라고 말했습니다. 산신령은
나무꾼의 _____⑨_____ 에 감동해서 금도끼와 은도끼, 그리고 잃어버린 쇠도끼까지 모두 _____⑩_____ 에게 주었습니다.
나무꾼은 너무 행복했습니다.

알아두면 좋은 표현	• 옛날에 • 옛날 옛적에 • 옛날, 아주 오랜 옛날에 • 그 옛날 아주 먼 옛날에 • 호랑이 담배 피던 시절에 • 어느 날 • 어느 마을에 • 옛날 어느 집에 • 옛날 어느 마을에 • 그러던 어느 날

02. 의성어 말하기 *빈칸에 제시된 의성어를 넣어서 크게 읽어 보세요.* ※ *의성어 -소리를 흉내내는 말*

깔깔	사람들이 크게 웃을 때 나는 소리 예 사람들이 __깔깔__ 웃었다.	멍멍	강아지가 짖는 소리 예 호랑이를 보고 개가 ______ 짖어 댔다.
펑	풍선이나 폭탄 같은 것이 터질 때 나는 소리 예 산신령이 ______ 하고 나타났다.	야옹	고양이가 우는 소리 예 나무 위에서 고양이가 ______ 하며 울었다.
두근두근	불안하거나 기분이 안 좋을 때 가슴이 뛰는 소리 예 그 남자를 보고 가슴이 ______ 뛰었다.	바스락	나뭇잎이나 종이가 스치는 작은 소리 예 낙엽 위를 걸으면 ______ 소리가 난다.
드르렁	잠 잘때 코 고는 소리 예 동생이 ______ 거리며 코를 골았다.	쨍그랑	접시처럼 딱딱한 물건이 깨질 때 나는 소리 예 마법의 거울이 ______ 하고 깨졌다.
풍덩	사람이나 물건이 물에 떨어질 때 나는 소리 예 내 가방이 강물에 ______ 빠졌다.	똑똑	문을 두드릴 때 나는 소리 예 마녀가 문을 ______ 하고 두드렸다.

03. 이야기 연습하기 1_양치기 소년

(1) 기	(2) 승	(3) 전	(4) 결

옛날, 시골 마을, 언덕, 양치기 소년, 심심하다, 거짓말
마을 사람들 → 깜짝 놀라다, 양치기 소년 → 낄낄
마을 사람들 → 화가 나다, 소년 → 후회하다

메모를 활용하여
그림 순서대로 이야기해
보세요.

▶ 예시 답안 p.172

04. 이야기 연습하기 2_해와 바람

(1) 기	(2) 승	(3) 전	(4) 결

어느 날, 바람, 해, 여행자 외투
그리고, 강하다 + 내기하다, 바람, 세게 불다.
해 → 기분이 좋다   바람 → 창피하다

메모를 활용하여
그림 순서대로 이야기해
보세요.

▶ 예시 답안 p.172

---

05. 의태어 말하기 빈칸에 제시된 의태어를 넣고 크게 말해 보세요.   ※ 의태어 -움직이는 모습을 흉내내는 말

반짝반짝	빛이 나는 모습 예 하늘의 별이 __반짝반짝__ 빛나요.	살금살금	조용히 눈치 보면서 걷는 모습 예 고양이가 나무에서 ______ 내려왔어요.
꾸벅꾸벅	고개를 숙이고 조는 모습 예 호랑이가 ______ 졸고 있었어요.	허둥지둥	마음이 급해서 분주하게 서두르는 모습 예 아이가 열이 오르자 부모는 ______ 병원으로 달려갔다.
헐레벌떡	숨을 거칠게 몰아서 쉬는 모습 예 늦을까봐 ______ 달려왔어요.	으슬으슬	춥거나 아파서 몸이 떨리는 모습 예 감기에 걸려서 몸이 ______ 떨렸어요.
엉금엉금	네 발로 천천히 걷거나 기는 모습 예 악어가 ______ 기어가요.	깡충깡충	가볍게 계속 뛰는 모습 예 토끼가 ______ 뛰어다녔어요.
성큼성큼	큰 걸음으로 빠르게 걷는 모습 예 거인이 ______ 걸어 내려왔어요.	뒹굴뒹굴	바닥에서 이리저리 구르는 모습 예 강아지가 바닥에서 ______ 하고 있어요.

내 발표문 준비하기

01. 주제 알아보기 *발표하고 싶은 주제를 골라 보세요. 주제를 직접 찾아보는 것도 좋습니다.*

왕자 이야기	부자가 되는 이야기	이상한 나라 이야기	욕심 많은 사람 이야기
공주 이야기	어리석은 동물 이야기	할머니의 옛날이야기	어리석은 사람 이야기
운명적인 사랑 이야기	신들의 이야기	영리한 동물 이야기	사람과 동물 이야기
용감한 사람 이야기	착한 사람, 나쁜 사람	마녀 이야기	가족 사랑 이야기
우정 이야기	지혜로운 사람 이야기	나라를 세운 사람 이야기	?

02. 아이디어 모으기

03. 단계별 중심 내용 구성하기 *내 발표문에 필요한 항목에 ✔ 하세요.*

도입	☐ 가벼운 질문	☐ 경험	☐ 인용	☐ 일반적 사실	☐ 뉴스	☐ ?
본론	☐ 등장인물 소개	☐ 배경 소개	☐ 사건의 시작	☐ 사건 발생		
	☐ 사건 전개	☐ 문제 상황	☐ 갈등	☐ 사건 결말		
	☐ 교훈	☐ 생각해 볼 것들	☐ 현대적 의미	☐ ?		
마무리	☐ 핵심 내용 정리	☐ 퀴즈 내기	☐ 마지막 메시지	☐ 감사 표현	☐ 질문 받기	

꿀팁노트

- '스토리텔링'은 이야기가 진행되는 순서대로 말하는 것이 좋습니다.
- 이야기의 순서를 정한 다음 그 순서에 맞는 대표적 장면을 그림으로 상상해 봅니다.
- 가장 흥미를 느낄 만한 부분은 조금 더 길게, 자세하게 말해도 괜찮습니다.
- 이야기에 나오는 긴 대화 내용은 중요한 것만 전달할 수 있도록 잘 정리해서 말합니다.
- 이야기의 교훈은 직접 말하기보다는 이야기의 결말을 통해 청중들이 스스로 느낄 수 있도록 해야합니다.

■ 나의 발표 주제: ___________________________________ 　■ 발표 시간: 4분~5분

제목 : ___________________________________

확인하기
Self Check List

1. 발표문을 쓰고 피드백(feedback)을 받았습니까? ☐
2. 발표문을 5번 이상 읽으면서 연습했습니까? ☐

3. 메모 카드를 만들어서 연습했습니까? ☐
4. 발표하는 모습을 영상으로 찍었습니까? ☐

2 일상의 발견

내용구성

도 입	본 문	마무리
• 시작 인사 • 도입-가벼운 질문 • 발표 내용 소개	• 사건 전 이야기의 배경 • 사건의 전개와 결말 • 사건이 준 교훈	• 마무리 질문 • 강조하고 싶은 메시지 • 감사 인사

그거 제 샌드위치인데요?

1 도입

안녕하세요, 저는 미리암입니다. 여러분은 날씨가 좋을 때 뭘 하세요? 저는 그럴 때는 가끔 점심시간에 공원에서 샌드위치를 먹습니다. 그런데 지난주에 다시는 생각하고 싶지 않을 정도로 민망한 일이 생겼습니다. 제 이야기 한번 들어 보시겠어요?

2 사건 전

지난주 금요일은 날씨가 아주 좋았습니다. 저는 점심시간에 샌드위치를 하나 사서 공원에 갔습니다. 그리고 샌드위치를 먹으려고 공원 벤치에 자리를 잡았습니다.

3 사건의 전개

그때 어떤 남자가 제 옆에 앉았습니다. 그런데 그 사람이 너무 자연스럽게 제 샌드위치를 먹는 게 아니겠어요! 저는 순간 너무 놀라서 그 사람 얼굴만 쳐다봤습니다. 평소에 화를 잘 내지 않는 성격이지만, 그때는 도저히 참을 수가 없었습니다. 그래서 저는 그 사람에게 "그거 제 샌드위친데요?"라고 따졌습니다. 그러자 그 남자는 당황하면서 "정말 죄송합니다. 제 샌드위치인 줄 알았어요."라며 사과했습니다. 그리고 그 남자는 미안해하면서 샌드위치 값을 주었지만 저는 돈을 받고도 여전히 기분이 좋지 않았습니다. 제 점심시간을 잃어버렸다는 생각이 들었거든요. 어쨌든 저는 샌드위치를 다시 사러 가려고 벤치에서 일어났습니다. 그리고 가방을 드는 순간 깜짝 놀랐습니다. 왜 그랬을까요? 그렇습니다. 제 가방 안에 샌드위치가 그대로 들어 있었습니다. 그 남자가 먹은 샌드위치는 바로 '그 남자의 샌드위치'였던 거죠. 저는 너무 창피했습니다. 그리고 급하게 그 남자를 쫓아가서 사실대로 말했습니다. 그런데 그 남자가 크게 웃으면서 "그럼 저는 제 샌드위치를 먹은 셈이네요."라고 말했습니다. 그 남자가 편하게 말해 준 덕분에 저는 마음이 가벼워졌습니다.

4 교훈

이 사건 이후로 저는 말이나 행동을 하기 전에 먼저 확인을 해야 한다는 것을 배웠습니다. 너무 성급하게 행동하면 민망하고 부끄러운 일이 생길 수 있거든요. 이 사건은 단순한 실수였지만, 저에게 큰 교훈을 주었습니다.

5 마무리

여러분도 혹시 비슷한 경험이 있으신가요? 작은 실수로 부끄러운 순간이 생길 수 있지만, 그 실수를 통해 배우는 것도 있다고 생각합니다. 여러분, 이런 일은 누구에게나 생길 수 있습니다. 그럴 때는 꼭 확인을 먼저 해야 한다는 걸 잊지 마세요. 오늘 제 이야기를 재미있게 들어주셔서 감사합니다.

- ▶ 글자수 : 1097자
- ▶ 시 간 : 4분~5분

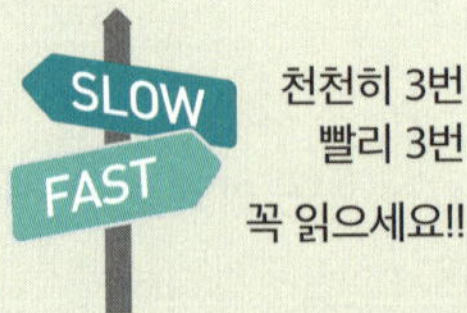

나의 속도

	분	초
1번		
2번		
3번		

	A 질문	※ N 명사 V 동사 A 형용사 ( ) 글자 수	B 대답
1	급해서 빨리 움직이는 것을 무엇이라고 합니까? ※ 4글자 동사입니다.	V(4)	서두르다라고 말합니다
2	미안하고 부끄럽고 어색한 상태를 어떻게 말합니까?	A(4)	
3	이상하다고 생각해서 한 곳을 계속 보는 것을 무엇이라고 합니까?	V(4)	
4	놀라서 어떻게 해야 할지 모르는 것을 무엇이라고 합니까?	V(4)	
5	힘들거나 화가 나도 밖으로 표현하지 않고 그냥 있는 것을 어떻게 말합니까?	V(2)	
6	물건이 없어져서 이제 찾을 수 없는 것을 어떻게 말합니까?	V(5)	
7	사람들 앞에서 실수했을 때 얼굴이 빨개지면서 느끼는 감정을 어떻게 말합니까?	A(4)	
8	마음이 무겁지 않고 편해지는 상태를 어떻게 표현합니까? 마음이~	V(5)	
9	복잡하지 않은 것, 쉽고 간단한 것을 어떻게 말합니까?	A(4)	
10	그렇게 하면 안 되는데 어떤 일을 잘못하는 것을 무엇이라고 합니까?	N(2)	

▶ 정답 p.172

01 자리를
잡았습니다.
바꿨습니다.
· · · ·
· · · ·

02 기분이
좋지 않았습니다.
상쾌했습니다.
· · · ·
· · · ·

03 생각이
났습니다.
떠오르지 않습니다.
· · · ·
· · · ·

04 교훈을
얻었습니다.
기억해야 합니다.
· · · ·
· · · ·

05 자연스럽게
행동했습니다.
미소를 지었어요.
· · · ·
· · · ·

06 도저히
참을 수가 없었습니다.
기다릴 수가 없었습니다.
· · · ·
· · · ·

07 급하게
뛰어갔습니다.
따라갔습니다.
· · · ·
· · · ·

08 여전히
기분이 좋지 않습니다.
친절했습니다.
· · · ·
· · · ·

남자 친구가
너무나 황당한 일이
· · · ·
· · · ·

제 이야기를
지난주에 있었던 일을
· · · ·
· · · ·

공원에 자리를
어렵게 택시를
· · · ·
· · · ·

계약 조건에 대해
가격이 왜 비싼지
· · · ·
· · · ·

09 생겼습니다

10 들어 보시겠어요?

11 잡았습니다

12 따졌습니다

방금 놓친 버스를
도둑이 달아나는 것을 보고
· · · ·
· · · ·

시험을 보고 나니까 마음이
살을 빼서 그런지 몸이
· · · ·
· · · ·

계약 조건이 맞는지
문제가 무엇인지 먼저
· · · ·
· · · ·

여행 갈 때 여권을
중요한 약속을
· · · ·
· · · ·

13 쫓아갔습니다

14 가벼워졌습니다

15 확인해야 합니다

16 잊지 마세요

❶ N인 줄 알았어요 / 몰랐어요

A 학생인 줄 알았어요/ 학생인 줄 몰랐어요.

B

C

❷ -(으)ㄴ 덕분에 -았/었습니다

A 그 친구가 편하게 말해 준 덕분에 마음이 놓였습니다.

B

C

❸ -기 전에 먼저 -어야 합니다

A 말하기 전에 사실인지 아닌지 먼저 확인해야 합니다.

B

C

❹ -다는 것을 잊지 마세요.

A 작은 친절도 큰 힘이 된다는 것을 잊지 마세요.

B

C

2-5 같은 뜻, 다른 표현으로 말하기 혼자 또는 친구들과 연습해 보세요. 문장을 최대한 많이 말하세요.

A	B
1 공원에 있는 의자에 앉았습니다.	[3] 내 물건이 맞다고 따졌습니다.
2 제 샌드위치를 먹은 거나 마찬가지네요.	[ ] 마음이 가벼워졌습니다.
3 내 물건이 맞다고 강하게 말했습니다.	[ ] 그 일은 저에게 교훈을 주었습니다.
4 내 점심시간을 누가 가져간 것 같았습니다.	[ ] 남자는 저에게 사과했습니다.
5 정말 참을 수 없었습니다.	[ ] 남자를 쫓아갔습니다.
6 마음이 편해졌습니다.	[ ] 급하게 결정하지 마세요.
7 남자를 만나려고 그쪽으로 급히 갔습니다.	[ ] 제 샌드위치를 먹은 셈이네요.
8 그 일로 저는 배운 것이 있습니다.	[ ] 도저히 견딜 수 없었습니다.
9 남자는 저에게 미안하다고 했습니다.	[ ] 공원 벤치에 자리를 잡았습니다.
10 너무 빨리 결정하지 마세요.	[ ] 내 점심시간을 빼앗긴 기분이 들었습니다.

※ 혼자 연습할 때 이 부분을 가리고 말해 보세요. ▶정답 p.172

01. 그림 예시 *시간 순서 구조*

들어 가기	✓ 그림에 보이는 시간 순서에 따라 이야기를 구성합니다. ✓ '누가? 언제? 어디서? 무엇을? 어떻게? 왜?'를 생각합니다. 그리고 메모하면서 말하기를 준비합니다. ✓ 그림에 보이는 것을 하나하나 설명하는 것이 아니라 인물과 사건 전개를 중심으로 이야기를 만들어야 합니다. ✓ 인물의 행동이나 표정에 나타나는 감정을 표현하면 더 생생하게 전달할 수 있습니다.

그거 제 샌드위치인데요?

※ p.172

지난주 금요일은 날씨가 _____①_____ (맑다). 그래서 저는 점심시간에 샌드위치를 사서 공원에 _____②_____. 평소처럼 샌드위치를 먹으려고 벤치에 _____③_____. 그때 어떤 남자가 제 옆에 와서 앉더니 제 샌드위치를 먹기 시작했습니다. 저는 남자에게 화를 내면서 "_____④_____?"라고 말했습니다. 남자는 _____⑤_____ 바로 저에게 사과했습니다. 그리고 전 점심을 다시 사러 가려고 벤치에서 일어섰습니다. 그런데 벤치에서 _____⑥_____ 가방에 있는 제 샌드위치를 발견했습니다. 순간 저는 너무 _____⑦_____, 그 남자에게 달려가 사실대로 말했습니다. 다행히 그 남자가 괜찮다고 해서 마음이 _____⑧_____.

02. 시간 순서 구조에 주로 쓰이는 표현

처음	• 어느 날 • 얼마 전 • 지난주/어제/오늘 • 아침에/ 점심에/ 저녁에 있었던 일이에요 • 처음에(는) • 처음부터 • 어느 조용한 오후였습니다 • 저는 -고 있었습니다 • 그날도 평소처럼 -고 있었습니다 • 그날은 특별한 것 없는 하루였습니다 • 보통 때와 다름없는 하루였습니다
중간	• 그때 • 잠시 후 • 갑자기 • 몇 분 뒤에 • 계속해서 • 그러다가 • 며칠 뒤에 • 잠시 후에 • 그러던 중에 • 얼마 지나지 않아 • 몇 시간이 흐른 뒤 • 상황이 점점 이상해졌습니다 • 그래서 저는 -기로 했습니다 • 어쩔 수 없이 -기로 했습니다 • 그런데 예상하지 못한 일이 생겼습니다
마지막	• 결국 • 결과적으로 • 마지막에는 • 그렇게 해서 • 다행히 • 그래서 저는 -는 것을 깨달았습니다 • 이 사건 덕분에 -게 되었습니다 • 저는 이제부터 -겠다고 생각했습니다 • 이번 일을 통해 -다는 것을 배웠습니다 • 지금도 가끔 그 순간이 떠오릅니다 • 다행히 문제가 잘 해결되었습니다

이야기의 배경	진행	반전	결말과 느낌
나오미, 거실 전화, 민수 씨 초대하다			미리 물어보다 후회하다

🎙 메모를 활용하여 그림 순서대로 이야기해 보세요   ▶ 예시 답안 p.173

04. 감정 표현 아래 예문을 읽어 보세요. 그리고 글자의 초성에 맞춰서 답을 말해 보세요. ※ p.173 답안 참고

긍정적인 감정

기쁨과 즐거움	• 반갑다 • 기쁘다 • 즐겁다 • 신나다 • 행복하다 • 기분이 좋다 • 웃음이 나다 • 마음이 편하다 예 날씨도 맑고 바람도 시원해서 기분이 좋다. 예 친구의 이야기에 저절로 ㅇㅇㅇ ㄴㄷ.
감사와 감동	• 고맙다 • 감사하다 • 감동하다 • 다행이다 • 기특하다 • 마음이 따뜻하다 • 진심으로 고맙다 예 사람들이 많이 다치지 않아서 ㄷㅎㅇㄷ. 예 친구들이 도와줘서 ㅈㅅㅇㄹ ㄱㅁㄷ.
만족과 성취감	• 만족하다 • 흐뭇하다 • 뿌듯하다 • 자랑스럽다 • 보람이 있다 • 성취감을 느끼다 예 시험에서 좋은 성적을 받아서 정말 ㅃㄷㅎㄷ. 예 나는 우리 오빠가 정말 ㅈㄹㅅㄹㄷ.
기대감과 편안함	• 기대하다 • 설레다 • 두근거리다 • 기다려지다 • 편안하다 • 여유롭다 • 마음이 편하다 • 안정감을 느끼다 예 좋아하는 사람을 생각할 때마다 가슴이 ㄷㄱㄱㄹㄷ. 예 친구와 오해를 풀고 나니 ㅁㅇㅇ ㅍㅎㄷ.

부정적인 감정

슬픔과 아쉬움	• 슬프다 • 속상하다 • 실망하다 • 서운하다 • 안타깝다 • 허전하다 • 아쉽다 • 아깝다 예 고맙다는 말이 없어서 ㅅㅇㅎㄷ. 예 오랫동안 준비한 발표를 망쳐서 ㅅㅅㅎㄷ.
불안과 걱정	• 두렵다 • 불편하다 • 긴장하다 • 걱정하다 • 걱정이 되다 • 떨리다 • 불안하다 • 초조하다 예 큰 실수를 할까 봐 ㄷㄹㄷ. 예 친구가 아프다고 해서 ㄱㅈㅇ ㄷㄷ.
화와 짜증	• 화가 나다 • 화를 내다 • 짜증이 나다 • 짜증을 내다 • 분노하다 예 월급을 받지 못한 직원들이 ㅂㄴㅎㄷ. 예 날씨가 너무 더워서 ㅉㅈㅇ ㄴㄷ.
민망함과 후회	• 창피하다 • 부끄럽다 • 민망하다 • 쑥스럽다 • 후회하다 • 자책하다 • 괴롭다 예 같은 실수를 반복하는 나 자신이 ㅂㄲㄹㄷ. 예 솔직하게 말하지 않은 것을 ㅎㅎㅎㄷ.

05. 연습하기 *원인과 결과 구조*

들어 가기	✓ 등장인물, 장소, 사건이 일어난 상황을 이해하기 쉽도록 짧게 설명합니다. ✓ 문제가 발생하는 부분을 조금 구체적으로 말합니다. ✓ 문제가 해결되는 과정을 구체적인 행동과 말로 표현합니다. ✓ 마지막 그림을 설명할 때는 등장인물의 생각이나 느낀 점도 같이 이야기합니다.

사만다 씨는 쓰레기 분리수거하는 방법을 잘 몰랐습니다.

(1) 기	(2) 승	(3) 전	(4) 결
배경 사만다, 쓰레기 분리 수거 ~ 는 바람에	**문제 발생**	**문제 해결**	**결말과 느낌**

🎙 메모를 활용하여 그림 순서대로 이야기해 보세요 ▶ 예시 답안 p.173

06. 원인과 결과 구조에 주로 쓰이는 표현

원인	• -아/어서 • -기 때문에 • -(으)로 인해 • -느라 • -(으)니까 • -길래 • -더니 • -는 바람에 • -(으)ㄴ 덕분에
결과	• 그래서 • 따라서 • 그렇게 해서 • 이렇게 해서 • 그 결과 • 이번 일을 계기로 • 결국 -게 되다

07. 문장 연결 ① *※ p.173 답안 참고*

1. 앞 문장과 이어지는 내용을 말할 때

그리고	예 오늘 저는 영화를 봤습니다. **그리고** 친구와 저녁을 먹었습니다.
	연습 • 오늘은 날씨가 맑습니다. 그리고 ~ • 저는 수영을 좋아합니다. 그리고 ~
게다가	예 어제 비가 많이 왔습니다. **게다가** 길도 많이 막혔습니다.
	연습 • 길이 막혔습니다. 게다가 ~ • 일을 다 끝내지 못했습니다. 게다가 ~
또(또한)	예 여행은 스트레스를 풀어줍니다. **또한** 새로운 경험을 할 수 있습니다.
	연습 • 학생은 열심히 공부해야 합니다. 또한 ~ • 수업 시간에 휴대전화를 보면 안 됩니다. 또 ~

2. 앞 문장과 반대되는 내용을 말할 때

그런데	예 이번 프로젝트가 잘 될 줄 알았습니다. **그런데** 생각보다 결과가 좋지 않습니다.
	연습 • 그 사람은 가난합니다. 그런데 ~ • 그 친구는 성격이 좋습니다. 그런데 ~
하지만	예 저는 시험공부를 정말 열심히 했습니다. **하지만** 성적이 좋지 않았습니다.
	연습 • 소문을 듣고 맛집을 찾아갔습니다. 하지만 ~ • 너무 화가 났습니다. 하지만 ~
그래도	예 어제는 몸이 안 좋았습니다. **그래도** 회사에 출근했습니다.
	연습 • 발표 준비를 많이 못했습니다. 그래도 ~ • 오늘 너무 피곤했습니다. 그래도 ~

들어 가기	✓ 그림을 보고 등장인물, 장소, 사건이 시작되기 전의 상황을 파악합니다. ✓ 이야기 속에서 문제가 발생하는 장면은 구체적으로 설명해야 합니다. ✓ 그림 순서에 따라 자연스럽게 말할 수 있도록 연결 표현을 적절하게 사용합니다. ✓ 마지막 그림을 보고 문제 해결 후 달라진 것과 등장인물의 느낌을 말합니다.

🎙 메모를 활용하여 그림 순서대로 이야기해 보세요.　　　　　　▶ 예시 답안 p.173

09. 문제 해결 구조에 주로 쓰이는 표현

과정	• -기 위해　• -는 동안　• -(으)면서　• -는 과정에서　• -(으)ㄴ 후에　• -다보니　• -(으)려고
결과	• -(으)ㄴ 결과　• -게 되다　• -(으)ㄴ 덕분에　• -는 바람에　• -게 만들다　• -았/었더니　• -(으)ㄴ 끝에

10. 문장 연결 ② *연결어를 사용해서 문장을 말해 보세요. ※ p.173 답안 참고*

3. 인과 관계 *원인과 결과를 나타낼 때*

그래서	예 어제 비가 많이 왔습니다. **그래서** 체육대회가 취소되었습니다.
	연습 • 저는 아침에 늦게 일어났습니다. 그래서 ~　　• 이번 주말에 시간이 있습니다. 그래서 ~
그러니까	예 이 옷은 작아 보이네요. **그러니까** 다른 사이즈로 바꿔서 입어 보세요.
	연습 • 비가 온다고 했습니다. 그러니까 ~　　• 이번 달 용돈을 다 썼습니다. 그러니까 ~
따라서	예 교통 신호를 지키지 않았습니다. **따라서** 벌금을 내야 합니다.
	연습 • 환경을 지켜야 합니다. 따라서 ~　　• 친구 관계에서는 약속이 중요합니다. 따라서 ~

4. 추가 설명이나 예시 *더 구체적으로 말할 때*

예를 들면	예 한국에는 경치가 아름다운 곳이 많습니다. **예를 들면,** 제주도와 설악산이 유명합니다.
	연습 • 저는 과일을 좋아합니다. 예를 들면 ~　　• 저는 운동을 열심히 합니다. 예를 들면 ~
다시 말해	예 규칙을 지키지 않으면 불이익이 있을 겁니다. **다시 말해,** 규칙을 꼭 따라야 한다는 뜻입니다.
	연습 • 도전이 없으면 성공도 없습니다. 다시 말해 ~　　• 외국어 공부는 복습이 중요합니다. 다시 말해서 ~
특히	예 운동은 건강에 좋아요. **특히** 아침에 하는 운동이 효과적입니다.
	연습 • 저는 꽃을 좋아합니다. 특히 ~　　• 이 영화는 정말 재밌더라고요. 특히 ~

 내 발표문 준비하기

01. 주제 알아보기 *발표하고 싶은 주제를 골라 보세요. 주제를 직접 찾아보는 것도 좋습니다.*

요리와 음식	모임과 파티	내가 후회하는 일	내가 끊지 못하는 것 (커피, 야식, 게임...)
습관과 버릇	다이어트 경험	오해와 실수	나의 어린 시절
여행의 추억	어느 날 학교에서...	방학/휴가 때 생긴 일	노력과 보상
아직 한국어는 어려워	도와준 일, 도움받은 일	돈 때문에 생긴 일	기념일과 선물 이야기
어느 날 회사에서...	두려움과 용기	만남과 헤어짐	?

02. 아이디어 모으기

03. 단계별 중심 내용 구성하기 *내 발표문에 필요한 항목에 ✔ 하세요.*

도입	☐ 가벼운 질문	☐ 경험	☐ 인용	☐ 일반적 사실	☐ 뉴스	☐ ?
본론	☐ 이야기의 배경	☐ 사건의 인물들	☐ 문제 상황	☐ 원인		
	☐ 사건 전	☐ 사건 후	☐ 반전	☐ 웃음		
	☐ 결말	☐ 내 느낌	☐ 교훈과 깨달음	☐ ?		
마무리	☐ 핵심 내용 정리	☐ 퀴즈 내기	☐ 마지막 메시지	☐ 감사 표현	☐ 질문 받기	

꿀팁 노트

- 경험과 관련된 이야기는 시간 순서대로 내용을 정리하는 것이 좋습니다.
- 많은 사람들이 공감할 수 있거나 경험해 봤을 만한 이야기를 준비하면 더 좋습니다.
- 이야기의 결말을 통해 어떤 교훈을 얻을 수 있는지 구체적으로 제시해야 합니다.
- 실수나 경험과 관련된 발표문에는 재미있는 에피소드를 넣어야 관심을 끌 수 있습니다.
- 청중이 상황을 상상할 수 있게 목소리나 감정에 변화를 주면서 발표하면 좋습니다.

04. 발표문 쓰고 연습하기 *예시 발표문을 참고해서 써 보세요.*

■ 나의 발표 주제: ______________________________　　　　■ 발표 시간: 4분~5분

제목 :

발표문 쓰기 → 피드백 → 읽고 연습하기 → 피드백 → 녹음하기 → 피드백 → 녹화하기 → 피드백 → 발표하기

확인하기
Self Check List

1. 발표문을 쓰고 피드백(feedback)을 받았습니까? ☐　　3. 메모 카드를 만들어서 연습했습니까? ☐

2. 발표문을 5번 이상 읽으면서 연습했습니까? ☐　　4. 발표하는 모습을 영상으로 찍었습니까? ☐

Note

CHAPTER 6

나를 위한 발표

1 나를 성장시키는 힘, 경험

내용구성	도 입	→	본 문	→	마무리
	• 시작 인사 • 도입-나의 경험 • 발표 내용 소개		• 문화 체험 이야기 • 즐길 거리 이야기 • 쇼핑과 먹거리 이야기		• 여행 후 반응 • 다음 여행 기대감 • 감사 인사

서울, 세 가지 색깔의 매력

1 도입

안녕하세요, 저는 발레리입니다. 여행 좋아하시는 분들에게 서울은 정말 매력적인 도시입니다. 저도 여행을 많이 하는 편인데 서울은 누구나 반할 수밖에 없는 도시입니다. 서울에는 역사가 있는 건물, 한옥, 맛있는 한식, 쇼핑 거리, 한강 공원과 아름다운 산이 있습니다. 정말 볼거리, 즐길 거리, 먹거리가 가득합니다. 오늘 저는 제가 보고 느낀 서울에 대해 말씀드리려고 합니다.

2 문화 체험

우선 저는 서울에서 한국의 전통문화를 체험하고 싶어서 정보를 검색했습니다. 경복궁에서 한복 입고 찍은 사진들이 많았는데 너무 예뻤습니다. 그래서 저도 한복 대여점에서 한복을 빌려 입고 경복궁에 갔습니다. 여기 사진을 한번 보세요. 이날은 경복궁도 너무 아름다웠고 날씨도 좋았습니다. 사진이 아주 예쁘게 나왔죠? 그리고 우리는 인사동에 가서 전통 차도 마시고 재미있는 옛날 물건들도 구경했습니다. 한국의 전통적인 멋을 느낄 수 있었습니다. 우리는 한옥 마을도 방문했는데 특히 한옥 골목길이 너무 멋있더라고요. 이곳에서도 한국 문화를 체험할 수 있으니까 꼭 가보세요.

3 즐길 거리

그리고 서울의 가장 큰 매력 중 하나는 한강입니다. 이렇게 큰 도시에, 크고 아름다운 강이 있다는 게 놀라웠습니다. 저는 친구들과 한강에서 자전거도 타고 라면도 먹었는데 색다른 재미가 있었습니다. 한국 친구들이 한강 공원에 자주 놀러 간다고 해서 왜 그런가 했는데, 가 보니까 알겠더라고요. 다음에는 유람선도 타 볼 생각입니다. 저녁에는 야시장도 열리고, 가을에는 화려한 불꽃축제도 열린다고 하니까 앞으로도 자주 찾게 될 것 같습니다. 서울에는 한강뿐만 아니라 아름다운 산도 많습니다. 등산을 하면 좋은 공기도 마실 수 있고 정상에서 멋진 전망도 감상할 수 있습니다. 이 외에도 서울에는 즐길 거리가 아주 많습니다.

4 쇼핑과 먹거리

여행하면 또 빼놓을 수 없는 것이 쇼핑과 음식입니다. 배고플 때 길거리 음식은 우리의 눈과 입을 즐겁게 합니다. 쇼핑도 하고 맛있는 길거리 음식도 맛볼 수 있는 곳이 바로 명동, 그리고 동대문 시장입니다. 여기에 가면 분명히 사고 싶은 것, 먹고 싶은 게 아주 많을 겁니다. 그런데 여기는 낮에 가도 좋지만 밤에 가면 더 좋습니다. 그래서인지 밤에도 쇼핑을 즐기는 사람들로 붐빕니다. 저도 시간이 어떻게 지나갔는지 모를 정도로 신나게 쇼핑하고 왔습니다. 정말 에너지가 넘치는 곳이었습니다.

5 마무리

저는 SNS에 서울 여행 이야기와 사진들을 많이 올렸습니다. 친구들의 반응도 아주 뜨거웠습니다. 그런데 저도 다른 친구들의 서울 사진들을 보면서 '이런 데가 있었어?'라며 놀랄 때가 있습니다. 서울의 매력은 어디까지일까요? 저는 기회가 되면 서울의 또 다른 매력을 찾으러 떠나볼까 합니다. 오늘 제 이야기 흥미 있게 들어주셔서 감사합니다.

▶ 글자수 : 1346자
▶ 시 간 : 4분~5분

크게 읽으세요!

SLOW
FAST
천천히 3번
빨리 3번
꼭 읽으세요!!

나의 속도

	1번 ______분 ______초
	2번 ______분 ______초
	3번 ______분 ______초

	A 질문	※ N 명사 V 동사 A 형용사 ( ) 글자 수		B 대답
1	한국의 전통 집을 무엇이라고 합니까?	※ 2글자 명사입니다.	N(2)	'한옥'이라고 합니다.
2	알고 싶은 것을 인터넷으로 찾아 보는 것을 무엇이라고 합니까?		V(4)	
3	돈을 받고 물건을 빌려 주는 가게를 무엇이라고 합니까?		N(3)	
4	옛날에 한국 사람들이 입던 전통 옷을 무엇이라고 합니까?		N(2)	
5	사람들이 좋아하도록 만드는 '이것'이 있다고 할 때 이것은 무엇입니까?		N(2)	
6	사람들이 주변을 구경하기 위해 타는 배를 무엇이라고 합니까?		N(3)	
7	밤에 문을 여는 시장인데, 다양한 음식과 물건을 파는 시장입니다. 무슨 시장일까요?		N(3)	
8	산에 올라가는 것을 무엇이라고 합니까?		N(2)	
9	거리나 시장에 사람들이 많은 것을 어떻게 말합니까?		V(3)	
10	어떤 것을 좋아해서 재미있게 하는 것을 무엇이라고 합니까?		V(3)	

▶ 정답 p.174

01 여행을
취소했습니다.
계획하고 있습니다.

02 문화를
체험합니다.
존중합시다.

03 정보를
검색해야 합니다.
공유했습니다.

04 매력을
느꼈습니다.
찾았습니다.

05 사진이
잘 나왔습니다.
찍혔습니다.

07 반응이
뜨거웠습니다.
좋지 않았습니다.

07 분명히
반하실 겁니다.
쇼핑을 많이 할 겁니다.

08 신나게
놀고 먹었습니다.
춤을 추었습니다.

친구들과 한옥마을을
방학에 친척집을

그 도시의 환경이
지금 하고 있는 일이

그 일을 혼자 한 것이
그 사람의 능력이

카페에 손님들이
가방에 한국어 책이

09 방문했습니다

10 만족스럽습니다

11 놀라웠습니다

12 가득합니다

그 사람을 보고
큰 소리가 나서

서울에서 맛집을
잃어버린 물건을

다양한 운동을
친구들과 휴가를

좋은 결과가
제 친구가 방송에

13 놀랐습니다

14 찾으러 갑니다

15 즐깁니다

16 나왔습니다

STEP ❶

A 옛날 물건을 구경합니다.
B 【재미있는】 옛날 물건을 구경합니다.
01 구경합니다

멋을 느낍니다.
【   】 멋을 ~
02 느낍니다

반응이 뜨거웠습니다.
【   】 반응이 ~
03 뜨거웠습니다

축제가 열립니다.
【   】 축제가 ~
04 열립니다

STEP ❷

A 서울 전망도 볼 수 있습니다.
B 【멋진】 서울 전망도 볼 수 있습니다.
C 【정상에서 멋진】 서울 전망도 볼 수 있습니다.
05 볼 수 있습니다

빌려 입었습니다.
【   】 빌려 ~
【   】 빌려 ~
06 입었습니다

거리가 붐빕니다.
【   】 거리가 ~
【   】 거리가 ~
07 붐빕니다

STEP ❸

A 눈과 입을 즐겁게 합니다.
B 【우리의】 눈과 입을 즐겁게 합니다.
C 【길거리 음식은 우리의】 눈과 입을 즐겁게 합니다.
D 【배고플 때 길거리 음식은 우리의】 눈과 입을 즐겁게 합니다.
08 즐겁게 합니다

사진을 올렸습니다.
【   】 사진을 ~
【   】 사진을 ~
【   】 사진을 ~
09 올렸습니다

1-5 **문장 유형으로 말하기** 혼자 또는 친구들과 연습해 보세요. 문장을 최대한 많이 말하세요. ※ p.174 답안 참고

❶ N의 가장 큰 매력은 −다는 것입니다	A 서울의 가장 큰 매력은 한강이 있다는 것입니다.
	B
	C

❷ N에는 N뿐만 아니라 N도 많습니다	A 서울에는 한강뿐만 아니라 아름다운 산도 많습니다.
	B
	C

❸ −(으)ㄹ 수 있는 곳이 바로 N입니다	A 옷을 싸게 살 수 있는 곳이 바로 동대문 시장입니다.
	B
	C

❹ −(으)면 분명히 −(으)ㄹ 겁니다	A 명동에 가면 분명히 사고 싶은 것, 먹고 싶은 게 아주 많을 겁니다.
	B
	C

A	
1	다음에는 유람선을 타려고 합니다.
2	전통 문화를 직접 경험할 수 있습니다.
3	한복을 빌릴 수 있습니다.
4	여행할 때 음식은 아주 중요합니다.
5	길거리 음식은 보기도 좋고 맛도 있습니다.
6	밤에도 쇼핑을 즐기는 사람들이 많습니다.
7	시간이 정말 빨리 갔습니다.
8	서울 이야기를 소셜 미디어에 썼습니다.
9	밤에 시장이 문을 열었습니다.
10	사진을 보고 친구들도 너무 좋다고 했습니다.

B	
3	한복을 대여할 수 있습니다.
	야시장이 열렸습니다.
	시간이 언제 갔는지 모를 정도입니다.
	다음에는 유람선을 탈 생각입니다.
	전통 문화를 체험할 수 있습니다.
	길거리 음식은 눈과 입을 즐겁게 합니다.
	서울 이야기를 소셜 미디어에 올렸습니다.
	여행하면 음식을 빼놓을 수 없습니다.
	사진에 대한 친구들의 반응도 뜨거웠습니다.
	밤에도 쇼핑을 즐기는 사람들로 붐빕니다.

※ 혼자 연습할 때 이 부분을 가리고 말해 보세요.　▶정답 p.174

1-7 **짧은 발표 연습** Mini Presentation

01. 다음 예시 발표문을 읽으면서 연습해 보세요. 그리고 메모 카드를 만들어서 발표해 보세요.

지하철에서 만난 따뜻함

안녕하세요, 셀리나입니다. 한국의 수도 서울은 교통이 정말 편리합니다. 특히 지하철을 이용하면 서울 어디든지 갈 수 있습니다. 그렇지만 서울 지하철은 노선이 많아서 처음 온 관광객들은 헷갈리기 쉽습니다. 저도 처음 지하철을 이용할 때 그랬거든요. 그런데 걱정과 달리 저는 잘 찾아갈 수 있었습니다. 어떻게 된 걸까요? 궁금하시지요? 그럼 제 이야기를 시작해 보겠습니다.

그때 저는 지하철을 타고 인사동에 가려고 했습니다. 그런데 노선이 너무 많고 갈아타야 하는 역도 복잡해서 중간에 길을 잃었습니다. 어디서 갈아타야 할지 몰라서 지하철 타는 곳에서 왔다 갔다 하고 있었습니다. 그런 저를 보고 어떤 사람이 다가와 어디로 가냐고 물어보셨습니다. 저는 인사동에 갈 거라고 했고, 그분은 미소를 지으면서 저를 도와주겠다고 하셨습니다. 그리고 저에게 지하철 갈아타는 방법을 자세히 알려주셨습니다. 마침 그분도 저와 방향이 같다면서 인사동 근처까지 같이 가 주셨습니다. 그분 덕분에 저는 목적지에 잘 도착할 수 있었습니다.

이번 일을 통해서 저는 도움이 필요한 사람을 보고도 지나쳤던 제 행동을 반성했습니다. 그래서 앞으로는 도움을 주는 사람이 되어야겠다고 생각했습니다. 들어 주셔서 감사합니다.

☐ 글자수 : 608자　　☐ 시간 : 1분 30초~2분

02. 아래 예시를 참고해서 나만의 메모 카드를 직접 만들어 보세요.

1	2	3	4	5
서울- 교통 편리하다 어디든지 갈 수 있다	노선 많다 처음 온 관광객 헷갈림 저는 잘 찾아감	인사동 가려고 함 길을 잃었다 갈아타는 곳 모름	어떤 사람이 다가옴 미소 지으며 도와줌 인사동 근처까지	제 행동 반성 도움 주는 사람

 # 내 발표문 준비하기

01. 주제 알아보기 발표하고 싶은 주제를 골라 보세요. 주제를 직접 찾아보는 것도 좋습니다.

취업 위한 스펙 쌓기	나의 사랑, 나의 우정	반려동물과 나	나의 콘서트 관람기
나의 단골 가게들	특이한 음식 체험	다른 나라 명절 체험기	봉사 활동 체험기
템플스테이 후기	공공기관 이용 체험담	내가 해 본 아르바이트	교환 학생(인턴) 활동기
연예인 팬클럽 활동	쇼핑의 고수 되기	내가 6개월 이상 배운 것	한국 친구 사귀기
내가 참가한 대회	잊지 못할 가족 여행	이색적인 취미 생활	?

02. 아이디어 모으기

03. 단계별 중심 내용 구성하기 내 발표문에 필요한 항목에 ✔ 하세요.

도입	☐ 가벼운 질문	☐ 경험	☐ 인용	☐ 일반적 사실	☐ 뉴스	☐ ?
본론	☐ 배경(장소, 시간)	☐ 특별했던 기억	☐ 그 일의 시작	☐ 진행 과정		
	☐ 중요한 문제들	☐ 에피소드 1	☐ 에피소드 2	☐ 경험의 결과		
	☐ 나의 기분, 감정	☐ 내가 느낀 것	☐ 강조해야 할 것	☐ ?		
마무리	☐ 핵심 내용 정리	☐ 퀴즈 내기	☐ 마지막 메시지	☐ 감사 표현	☐ 질문 받기	

꿀팁노트

- 자기의 실제 경험을 바탕으로 쓰는 것이 좋습니다.
- 청중들이 관심을 가질 만한 에피소드를 넣으면 더 좋습니다.
- 직접 보고, 듣고, 느낀 것을 솔직하고 구체적으로 쓰는 것이 좋습니다.
- 내가 경험한 일의 '결과'가 아니라 '과정'을 중심으로 자세하게 설명하는 것이 좋습니다.
- 마지막으로 내가 얻은 것은 무엇인지, 어떤 메시지를 전하고 싶은지 한 번 더 강조합니다.

 예시 발표문을 참고해서 써 보세요.

■ 나의 발표 주제: ■ 발표 시간: 4분~5분

제목 :

발표문 쓰기 → 피드백 → 읽고 연습하기 → 피드백 → 녹음하기 → 피드백 → 녹화하기 → 피드백 → 발표하기

확인하기
Self Check List

1. 발표문을 쓰고 피드백(feedback)을 받았습니까? ☐
2. 발표문을 5번 이상 읽으면서 연습했습니까? ☐
3. 메모 카드를 만들어서 연습했습니까? ☐
4. 발표하는 모습을 영상으로 찍었습니까? ☐

2 즐기고 감상하기

2-1 예시 발표문

내용구성	도 입	→	본 문	→	마무리
	• 시작 인사 • 도입-인용 하기 • 발표 내용 소개		• 도전하게 된 배경 • 도전의 과정 • 도전의 결과		• 발표 내용 정리 • 나의 메시지 강조 • 감사 인사

도깨비의 사랑

1 도입	안녕하세요. 제시카입니다. 저는 시간이 있을 때 한국 드라마를 자주 보는 편입니다. 제가 본 드라마 중에서 특히 기억에 남는 작품은 바로 '도깨비'입니다. 도깨비는 한국 옛날이야기에 많이 나오는 귀신인데요. 사람하고 비슷한 모습을 하고 있으며 장난을 좋아합니다. 오늘 저는 여러분을 드라마 '도깨비'의 매력 속으로 안내하겠습니다.
2 개요	이 드라마는 '판타지 로맨스'입니다. 사랑 이야기인데 상상과 현실이 섞여 있어서 내용이 아주 독특합니다. 물론 배우들의 연기도 뛰어납니다. 배경 화면도 아름답고 드라마 속 노래도 정말 좋습니다. 그럼 제가 줄거리를 간단히 소개하겠습니다.
3 줄거리	이 드라마의 남자 주인공은 고려시대 장군 '김신'인데 왕의 오해로 억울하게 죽습니다. 하지만 신에게서 죽지 못하는 '저주'를 받게 됩니다. 그래서 가슴에 검이 꽂힌 채 도깨비로 다시 태어나죠! 저주를 풀 수 있는 방법은 한 가지! 만일 도깨비 신부가 나타나 그 검을 뽑아 주면 저주는 풀리게 됩니다. 비로소 죽을 수 있는 것이죠. 그러던 어느 날 도깨비는 운명처럼 지은탁이라는 소녀를 만납니다. 그렇습니다. 이 소녀가 바로 도깨비 신부입니다. 시간이 흐르면서 두 사람은 서로 사랑에 빠지게 됩니다. 그런데 안타깝게도 도깨비는 지은탁을 사랑하게 되면서 살고 싶어졌습니다. 죽어야 하는 도깨비, 사랑하는 사람을 떠나보낼 수밖에 없는 지은탁, 이 두 사람의 슬픈 운명, 어떻게 되었을까요? 다음 이야기는 직접 확인해 보세요!
4 감상법	제가 드라마에서 감명 깊게 본 것은 세 가지인데요. 첫 번째는 평범한 사랑 이야기가 아니라 아주 특별한 사랑 이야기라는 점 때문입니다. 주인공의 아픈 과거, 운명적인 사랑이 시대와 공간을 왔다 갔다 하면서 펼쳐지는데요. 정말 신선하고 인상적이었습니다. 두 번째는 드라마 속 배경이 눈부시게 아름답습니다. 혹시 도깨비와 지은탁이 처음 만난 곳 아세요? 바로 여기 보시는 이 바닷가입니다. 요즘에도 이곳을 찾는 사람들이 많다고 합니다. 세 번째는 드라마 OST입니다. 음악하고 배경이 정말 잘 어울립니다. 그래서 보는 내내 잠시도 눈을 뗄 수 없었습니다.
5 마무리	드라마 '도깨비' 어떠세요? 보고 싶다는 생각이 드세요? 이 드라마에는 슬픈 사랑 이야기만 있는 건 아닙니다. 재미있는 장면과 톡톡 튀는 대사도 많아서 보시는 동안 정말 많이 웃으실 겁니다. 그리고 배우들의 외모와 패션에도 반하실 겁니다. 아직 보지 않으신 분이 있다면 꼭 한번 보시길 바랍니다. 혹시 여러분도 저에게 추천하고 싶은 드라마가 있으면 꼭 말해 주세요. 재미있게 들어 주셔서 감사합니다.

▸ 글자수 : 1263자
▸ 시 간 : 4분~5분

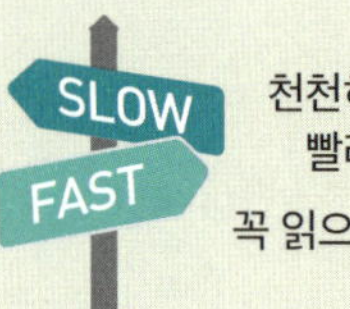

천천히 3번
빨리 3번
꼭 읽으세요!!

나의 속도

	분	초
1번	_____ 분	_____ 초
2번	_____ 분	_____ 초
3번	_____ 분	_____ 초

	A 질문	※ N 명사 V 동사 A 형용사 ( ) 글자 수		B 대답
1	사람의 얼굴, 몸매 등 겉으로 보이는 모습을 무엇이라고 합니까?	※ 2글자 명사입니다.	N(2)	'외모'라고 합니다.
2	우리 눈에는 안 보이지만 죽은 후에 다시 나타나는 사람을 무엇이라고 합니까?		N(2)	
3	전체 이야기를 짧게 줄인 것을 무엇이라고 합니까?		N(3)	
4	실제로 경험하지 않고 마음으로 생각해 보는 것을 무엇이라고 합니까?		V(4)	
5	옛날에 군인들이 허리에 차고 다니던 긴 칼을 무엇이라고 합니까?		N(1)	
6	옛날 한국에서 군대를 이끄는 최고 리더를 어떻게 불렀습니까?		N(2)	
7	태어날 때부터 정해져 있는 인생의 길을 무엇이라고 합니까?		N(2)	
8	뛰어나거나 특별하지 않고 보통인 것을 어떻게 말합니까?		A(4)	
9	잘못하지 않았는데 오해를 받아서 속상하고 화가 나는 상태를 어떻게 말합니까?		A(4)	
10	미워하는 사람에게 불행한 일이 일어나도록 바라는 것을 무엇이라고 합니까?		N(2)	

▶ 정답 p.174

01 내용이

아주 독특합니다.
너무 어렵습니다.

02 시간이

흐르고 있습니다.
많이 남았습니다.

03 드라마에

도깨비가 나옵니다.
그 배우가 나옵니다.

04 드라마를

재미있게 봅니다.
아주 좋아합니다.

05 안타깝게도

두 사람은 헤어졌습니다.
병을 고치지 못했습니다.

06 처음

그 사람을 만났습니다.
그 음악을 들었습니다.

07 잠시도

혼자 있지 않습니다.
쉬지 않았습니다.

08 혹시

그 드라마 봤어요?
그 사람을 아세요?

저는 엄마하고 비슷하게
얼굴이 원숭이처럼

09 생겼습니다

배우들의 연기가
친구의 글솜씨가

10 뛰어납니다

그 일에 대해
친구가 거짓말을 했다고

11 오해했습니다

화가
스트레스가

12 풀렸습니다

그 사람의 매력에
그 사람과 사랑에

13 빠졌습니다

옷차림이 너무
오늘 한 화장이 생각보다

14 튑니다

외모와 패션에
그 남자의 목소리에

15 반하실 겁니다

다양한 의견이
여러 가지 맛이

16 섞여 있습니다

STEP ❶

A 사람을 떠나보냅니다.
B 【사랑하는】사람을 떠나보냅니다.
01 떠나보냅니다

억울하게 죽습니다.
【   】억울하게 ~
02 죽습니다

배경이 아름답습니다.
【   】배경이 ~
03 아름답습니다

패션에도 반할 겁니다.
【   】패션에도~
04 반할 겁니다

STEP ❷

A 간단히 소개하겠습니다.
B 【줄거리를】간단히 소개하겠습니다.
C 【드라마 줄거리를】간단히 소개하겠습니다.
05 소개하겠습니다

소녀를 만납니다.
【   】소녀를 ~
【   】소녀를 ~
06 만납니다

이야기 속으로 안내하겠습니다.
【   】이야기 속으로 ~
【   】이야기 속으로 ~
07 안내하겠습니다

STEP ❸

A 저주는 풀리게 됩니다.
B 【뽑아 주면】저주는 풀리게 됩니다.
C 【그 검을 뽑아 주면】저주는 풀리게 됩니다.
D 【도깨비 신부가 그 검을 뽑아 주면】저주는 풀리게 됩니다.
08 풀리게 됩니다

보시는 동안 (정말 많이) 웃으실 겁니다.
【   】보시는 동안 ~
【   】보시는 동안 ~
【   】보시는 동안 ~
09 웃으실 겁니다

❶ 저는 -(으)ㄹ 때
   -는 편입니다

A 저는 시간이 있을 때 한국 드라마를 자주 보는 편입니다.
B
C

❷ -(으)로
   -습니다

A 운전자의 실수로 사람이 많이 다쳤습니다.
B
C

❸ N이 아니라,
   -다는/N(이)라는 점
   때문입니다

A 이 음식이 특별한 것은 맛이 아니라, 건강에 좋다는 점 때문입니다.
B
C

❹ N과 N이
   잘 어울립니다

A 드라마 내용과 음악이 정말 잘 어울립니다.
B
C

A

1 너무 재미있어서 계속 봤습니다.
2 잘못한 것이 없는데도 죽었습니다.
3 서로를 깊이 사랑하게 됩니다.
4 보자마자 아주 좋아하게 될 겁니다.
5 시간이 지나갑니다.
6 보는 동안 계속 좋았습니다.
7 그 장면이 아주 특별하게 느껴졌습니다.
8 배경이 아주 아름답습니다.
9 배우들의 연기가 정말 좋습니다.
10 재미있는 드라마니까 꼭 보라고 말했습니다.

B

3	사랑에 빠지게 됩니다.
	보는 내내 좋았습니다.
	배경이 눈부시게 아름답습니다.
	억울하게 죽었습니다.
	보자마자 반하게 될 겁니다.
	이 드라마를 추천했습니다.
	시간이 흘러갑니다.
	배우들의 연기가 뛰어납니다.
	그 장면이 아주 인상적이었습니다.
	너무 재미있어서 눈을 뗄 수 없었습니다.

※ 혼자 연습할 때 이 부분을 가리고 말해 보세요.　▶정답 p.175

2-7 **짧은 발표 연습** Mini Presentation

01. 다음 예시 발표문을 읽으면서 연습해 보세요. 그리고 메모 카드를 만들어서 발표해 보세요.

밤 12시, 우리 학교에서는

안녕하세요. 이삭입니다. 오늘 소개할 드라마는 '우리 학교'인데요. 이 드라마는 학교를 배경으로 한 공포 드라마입니다. 저는 이 드라마를 볼 때마다 너무 무서워서 등골이 오싹해지는 것을 느낍니다. 자, 그럼 제 이야기, 들으실 준비되셨나요?

이 드라마는 어느 고등학교에서 시작됩니다. 주인공은 소연이와 지훈이인데 두 사람은 아무도 가지 않는 빈 교실에 호기심을 갖고 있었습니다. 그날따라 비가 정말 많이 내렸습니다. 두 사람은 다른 친구들이 모두 집에 갈 때까지 학생 식당에 숨어있었습니다. 떨리는 마음으로 자정이 되기를 기다렸습니다. 드디어 12시가 되자 교실 뒷문을 천천히 열었습니다. 그런데 이상했습니다! 아까 분명히 친구들이 모두 집에 간 걸 확인했는데, 아직 남아 있는 친구들이 있었습니다. 그때 갑자기 친구들이 동시에 지훈이와 소연이를 돌아봤습니다. 이럴 수가! 모두 눈, 코, 입이 없었습니다. 또 입이 없는데 웅얼웅얼 말하는 소리가 들렸습니다. 두 사람은 깜짝 놀라서 급하게 교실 문을 닫으려고 했지만 닫히지 않았습니다. 두 사람은 어떻게 되었을까요?

여러분, 다음 이야기 궁금하시죠? 혼자 보기 무서우면 꼭 친구하고 같이 보세요. 오늘 '무서운 이야기' 재미있게 들어 주셔서 감사합니다.

☐ 글자수 : 611자　　☐ 시간 : 1분 30초~2분

02. 아래 예시를 참고해서 나만의 메모 카드를 직접 만들어 보세요.

1	2	3	4	5
드라마, '우리 학교' 공포 드라마 등골이 오싹해지다	어느 고등학교 소연이와 지훈이 빈 교실, 호기심	비가 많이 내리는 날 식당에 숨어 있다 드디어 12시	교실 뒷문 열다 남아 있는 친구들 눈, 코, 입 없다	웅얼웅얼 문이 닫히지 않았다 친구 같이 보다

 내 발표문 준비하기

01. 주제 알아보기 발표하고 싶은 주제를 골라 보세요. 주제를 직접 찾아보는 것도 좋습니다.

전쟁 드라마 / 영화 / 소설	공포 드라마 / 영화	재난 영화	다큐멘터리
사랑 드라마 / 영화 / 소설	위인, 영웅 영화 / 소설	오디션 프로그램	스포츠 예능 프로그램
청춘 드라마 / 영화 / 소설	웹툰 / 웹소설	뮤지컬	오페라
판타지 드라마 / 영화 /소설	토크쇼	즐겨 찾는 유튜브 방송	동화
역사 드라마 / 영화 /소설	관찰 예능 프로그램	연극	?

02. 아이디어 모으기

03. 단계별 중심 내용 구성하기 내 발표문에 필요한 항목에 ✔ 하세요.

도입	☐ 가벼운 질문	☐ 경험	☐ 인용	☐ 일반적 사실	☐ 뉴스	☐ ?
본론	☐ 장르 소개	☐ 개요	☐ 인물	☐ 특징		
	☐ 줄거리	☐ 주요 내용	☐ 재미있는 것	☐ 인상적인 것		
	☐ 감동적인 것	☐ 감상법	☐ 추천 이유	☐ ?		
마무리	☐ 핵심 내용 정리	☐ 퀴즈 내기	☐ 마지막 메시지	☐ 감사 표현	☐ 질문 받기	

> **꿀팁 노트**
> - 시작 부분에서 이것을 선택한 이유를 간단하게 말하는 것이 좋습니다.
> - 청중이 모를 수 있기 때문에 주요 내용과 줄거리를 간단히 소개합니다.
> - 가장 인상 깊었던 장면을 2-3개 선택하고 그 이유를 구체적으로 말하면 좋습니다.
> - 작품 내용을 소개할 때 사람들이 관심을 가질 만한 것을 중심으로 이야기하는 것이 좋습니다.
> - 이 작품에 대해 어떻게 생각하는지 청중들과 가볍게 묻고 대답하는 시간을 가져도 좋습니다.

04. 발표문 쓰고 연습하기 *예시 발표문을 참고해서 써 보세요.*

■ 나의 발표 주제: ____   ■ 발표 시간: 4분~5분

제목 : ____

확인하기
Self Check List

1. 발표문을 쓰고 피드백(feedback)을 받았습니까? ☐

2. 발표문을 5번 이상 읽으면서 연습했습니까? ☐

3. 메모 카드를 만들어서 연습했습니까? ☐

4. 발표하는 모습을 영상으로 찍었습니까? ☐

3 나답게 하는 것

3-1 예시 발표문

<table>
<tr><td rowspan="2">내용구성</td><td>도 입</td><td>본 문</td><td>마무리</td></tr>
<tr><td>• 시작 인사
• 도입-인용 하기
• 발표 내용 소개</td><td>• 도전하게 된 배경
• 도전의 과정
• 도전의 결과</td><td>• 발표 내용 정리
• 나의 메시지 강조
• 감사 인사</td></tr>
</table>

꿈이 있다면 도전해 보세요

1 도입

안녕하세요. 저는 모하메드입니다. 여러분, 스티븐 호킹은 이런 말을 했습니다. "도전은 목표를 이루는 과정의 일부다." 여러분은 혹시 지금 도전하고 싶은 일이 있습니까? 아니면 이미 도전을 시작하셨나요? 저도 '자막 없이 한국 드라마 보기'에 도전한 적이 있습니다. 제가 과연 성공했을까요? 이 도전을 위해 저는 무엇을 했을까요? 지금부터 여러분의 궁금증을 풀어드리겠습니다.

2 배경

제가 한국 드라마를 보기 시작한 것은 3년 전이었습니다. 그때 저는 드라마가 너무 재미있어서 매일 밤늦게까지 드라마를 봤습니다. 그 당시에는 한국어를 몰랐기 때문에 대사를 자막으로 읽었습니다. 그런데 자막에 집중하다 보니까 배우들의 감정이 잘 느껴지지 않았습니다. 그래서 저는 자막 없이 드라마를 보기 위해 한국어를 배우기로 마음먹었습니다.

3 과정 + 결과

우선, 저는 배우들의 말을 잘 알아들으려고 한국어 발음을 공부했습니다. 제가 한국어를 배우기 시작했을 때 'ㄱ[그]' 'ㅋ[크]' 'ㄲ[끄]'처럼 발음이 비슷한 자음을 구분하기가 어려웠습니다. 그래서 저는 제 목소리를 녹음해서 발음을 연습했습니다. 그리고 발음하기가 어려운 부분은 한국어 선생님이나 한국 친구에게 물어보았습니다. 그다음으로 한국어 문법을 공부했습니다. 문법을 알면 내가 말하려는 것을 정확하게 전달할 수 있거든요. 한국어 문법에는 형태는 비슷하지만 쓰는 방법이 다른 것이 있는데, 예를 들면 '에'와 '에서' 그리고 '으로'와 '으러'입니다. 이 문법을 사용할 때 헷갈려서 자주 실수하게 되더라고요. 그래서 저는 이런 문법은 아예 문장으로 외웠습니다. 가끔 드라마를 볼 때 제가 외운 문장이라도 나오면 저도 모르게 같이 말하게 되더라니까요! 마지막으로 저는 드라마 속 대사를 앵무새처럼 따라 했습니다. 그런데 이렇게 대사를 따라 하면 좋은 점이 뭔지 아세요? 바로 듣기와 말하기 실력이 쑥쑥 늘어납니다. 그리고 같은 문장을 반복해서 읽다 보면 한국 사람들이 말하는 속도에도 익숙해집니다. 이렇게 노력한 덕분에 지금은 자막 없이 드라마를 볼 수 있게 되었습니다. 자막을 안 봐도 되니까 배우들의 연기, 표정, 감정까지 충분히 느낄 수 있습니다.

4 마무리

지난 3년 동안 저는 한국어 발음과 표현에 익숙해지려고 열심히 공부했습니다. 그리고 자연스럽게 말할 수 있을 때까지 드라마에 나오는 대사를 여러 번 반복해서 읽었습니다. 여러분에게 목표가 있고 그것을 이루고 싶다면 도전해야 합니다. 이미 도전을 시작했다면 끊임없이 노력해야겠지요! 그래야 원하는 걸 얻을 수 있으니까요. 지금도 늦지 않았습니다. 오늘 바로 시작하세요! 오늘 제 이야기에 박수를 보내 주시고 응원해 주신 여러분께 감사드립니다.

• 글자수 : 1313자
• 시 간 : 4분~5분

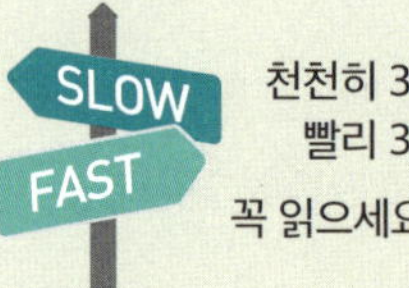

나의 속도

1번	_____ 분	_____ 초
2번	_____ 분	_____ 초
3번	_____ 분	_____ 초

 어휘 설명하기 *친구와 같이 연습해 보세요. 힌트(글자수, 품사)를 줘도 됩니다.*

	A 질문	※ N 명사 V 동사 A 형용사 ( ) 글자 수		B 대답
1	노력해서 이루어야겠다고 정해 놓은 것을 무엇이라고 합니까?	*※ 2글자 명사입니다.*	N(2)	'목표'라고 합니다.
2	어려운 일이지만 용기를 내서 하는 것을 무엇이라고 합니까?		N(2)	
3	외국 영화를 볼 때 번역해서 보여주는 것을 무엇이라고 합니까?		N(2)	
4	비슷해서 이것인지 저것인지 잘 모르는 상태를 어떻게 말합니까?		V(4)	
5	사람의 말을 잘 따라 하는 새가 있습니다. 그 새의 이름은 무엇입니까?		N(3)	
6	틀리지 않고 딱 맞는 것을 무엇이라고 합니까?		A(4)	
7	시간이 지나면서 어떤 대상이나 장소가 편해진 상태를 어떻게 말합니까?		A(4)	
8	어떤 것에 대해 알고 싶은 마음을 무엇이라고 합니까?		N(3)	
9	영화나 드라마에서 배우들이 하는 말을 무엇이라고 합니까?		N(2)	
10	어떤 일을 해야겠다고 마음속으로 생각하는 것을 무엇이라고 합니까?		V(4)	

▶ 정답 p.175

 어휘 활용 말하기 *다양한 표현을 생각해 보고 최대한 많이 말하세요.*

01 감정을

느낄 수 있습니다.
표현했습니다.

02 감정이

느껴집니다.
복잡합니다.

03 말을

잘 알아듣습니다.
전달합니다.

04 발음이

좋습니다.
정확합니다.

05 충분히

대화를 했습니다.
준비했습니다.

06 아예

꿈도 꾸지 마세요.
거짓말하지 마세요.

07 쑥쑥

자라고 있습니다.
늘어납니다.

08 반복해서

읽었습니다.
만들었습니다.

자막 없이 드라마 보기에
한국어 말하기 대회에

한국어를 배우기로
다시 그곳에 가지 않겠다고

친구의 목소리를
회의 내용을

올해부터 도전을
한국어를 배우기

09 도전합니다

10 마음 먹었습니다

11 녹음했습니다

12 시작합니다

영화 속 대사를
전화번호를

새로운 환경에
이 길에 점점

두 단어의 발음이
친구와 성격이

원하는 것을
좋은 반응을

13 외웠습니다

14 익숙해집니다

15 비슷합니다

16 얻을 수 있습니다

STEP ①

A 자막으로 읽었습니다.
B 【대사를】 자막으로 읽었습니다.
01 읽었습니다

궁금증을 ~
【   】 궁금증을 ~
02 풀어드리겠습니다

배우기로~
【   】 배우기로~
03 마음먹었습니다

문장이 나옵니다.
【   】 문장이 ~
04 나옵니다

STEP ②

A 드라마를 볼 수 있습니다.
B 【자막 없이】 드라마를 볼 수 있습니다.
C 【노력한 덕분에 자막 없이】 드라마를 볼 수 있습니다.
05 볼 수 있습니다

앵무새처럼~
【   】 앵무새처럼~
【   】 앵무새처럼~
06 따라 했습니다

발음을 공부했습니다.
【   】 발음을 ~
【   】 발음을 ~
07 공부했습니다

STEP ③

A 정확하게 전달할 수 있습니다.
B 【말하려는 것을】 정확하게 전달할 수 있습니다.
C 【내가 말하려는 것을】 정확하게 전달할 수 있습니다.
D 【문법을 알면 내가 말하려는 것을】 정확하게 전달할 수 있습니다.
08 전달할 수 있습니다

감정을 느낄 수 있습니다.
【   】 감정을 ~
【   】 감정을 ~
【   】 감정을 ~
09 느낄 수 있습니다

3-5 **문장 유형으로 말하기** 혼자 또는 친구들과 연습해 보세요. 문장을 최대한 많이 말하세요. ※ p.175 답안 참고

❶ - 기 위해서
- 기로 마음먹었습니다

A 자막 없이 드라마를 보기 위해서 한국어를 배우기로 마음먹었습니다
B
C

❷ -다 보면
-아/어집니다

A 반복해서 읽다 보면 발음이 자연스러워집니다.
B
C

❸ -(으)ㄹ 때까지
-았/었습니다

A 자연스럽게 말할 수 있을 때까지 대사를 여러번 반복해서 읽었습니다.
B
C

❹ -아/어야 합니다.
그래야
-(으)ㄹ 수 있습니다

A 끊임없이 노력해야 합니다. 그래야 성공할 수 있습니다.
B
C

A

1 늦은 시간까지 드라마를 봤습니다.
2 배워야겠다고 결심했습니다.
3 너무 비슷해서 어떻게 다른지 잘 몰랐습니다.
4 실력이 아주 빨리 좋아집니다.
5 쉬지 않고 노력해야 합니다.
6 알고 싶은 것이 있으면 말씀드리겠습니다.
7 노력했기 때문에 할 수 있었습니다.
8 여러 번 다시 읽었습니다.
9 목표를 이루고 싶습니다.
10 대사를 똑같이 따라 했습니다.

B

5	끊임없이 노력해야 합니다.
	대사를 앵무새처럼 따라 했습니다.
	궁금증을 풀어드리겠습니다.
	여러 번 반복해서 읽었습니다.
	목표를 달성하고 싶습니다.
	노력한 덕분에 할 수 있었습니다.
	실력이 쑥쑥 늘어납니다.
	배우기로 마음 먹었습니다.
	너무 비슷해서 구분하기가 어려웠습니다.
	밤늦게까지 드라마를 시청했습니다.

※ 혼자 연습할 때 이 부분을 가리고 말해 보세요. ▶정답 p.175

3-7 **짧은 발표 연습** Mini Presentation

01. 다음 예시 발표문을 읽으면서 연습해 보세요. 그리고 메모 카드를 만들어서 발표해 보세요.

소소한 행복의 시작, 배려입니다.

안녕하세요, 저는 펠릭스입니다. 여러분, 다른 사람의 상황을 이해하고 존중하는 것, 그리고 그것에 맞게 행동하는 것을 뭐라고 하는지 아세요? 그렇습니다. 이런 것을 '배려'라고 하는데요. 오늘 저는 많은 사람들이 이용하는 공공장소에서 어떤 배려가 필요한지 말씀드리려고 합니다.

첫 번째 장소는 엘리베이터입니다. 엘리베이터를 이용할 때는 내리는 사람이 먼저인 거 아시죠? 다 내린 후에 타야 서로 부딪치지도 않고 사고도 예방할 수 있습니다. 또, 엘리베이터 안에서 큰 소리로 통화하거나 이야기하지 마세요. 작은 공간에서는 소리가 더 크게 들리고 다른 사람에게 방해가 될 수 있거든요. 두 번째 장소는 버스 정류장, 지하철역입니다. 우선 버스나 지하철을 탈 때는 반드시 줄을 서야 합니다. 그리고 엘리베이터와 마찬가지로 모두 내린 후에 타는 것이 좋습니다. 차 안이 복잡할 때는 어르신께 자리를 양보하는 것도 잊지 마세요.

이렇게 작은 배려가 우리의 하루를 행복하게 합니다. 배려는 습관이라고 합니다. 처음에는 조금 불편할 수 있지만 습관이 되면 편안합니다. 지금 여기 계신 분들은 이미 배려를 실천하고 있습니다. 제 발표를 너무 잘 들어주셨습니다. 진심으로 감사드립니다.

☑ 글자수 : 598자   ☑ 시간 : 1분 30초~2분

02. 아래 예시를 참고해서 나만의 메모 카드를 직접 만들어 보세요.

1	2	3	4	5
이해와 존중 그에 맞게 행동 공공장소에서 배려	1. 엘리베이터 이용 내리는 사람 먼저 부딪치지 않음	큰 소리 통화 X 소리 더 크게 들림 다른 사람 방해	2. 정류장, 지하철역 줄 서기 어르신께 자리 양보	작은 배려 하루를 행복하게 배려는 습관

01. 주제 알아보기 발표하고 싶은 주제를 골라 보세요. 주제를 직접 찾아보는 것도 좋습니다.

사람들과 관계 맺기	평범한 삶, 특별한 삶	열등감과 자존감	이런 삶을 살고 싶다
배려와 예의	세계 시민으로 살기	이기심과 이타심	지구와 환경
긍정적인 사고방식	나의 버킷리스트	사랑과 용서	가족의 가치
우리가 아껴야 하는 것	정직함과 성실함	내면의 상처 치유하는 법	공동체를 위한 활동
실패와 성공	돈과 행복	자기 계발을 위한 노력	?

02. 아이디어 모으기

03. 단계별 중심 내용 구성하기 내 발표문에 필요한 항목에 ✔ 하세요.

도입	☐ 가벼운 질문	☐ 경험	☐ 인용	☐ 일반적 사실	☐ 뉴스	☐ ?
본론	☐ 일반적 가치관	☐ 나의 생각, 행동	☐ 언제부터?	☐ 어떻게 해서?		
	☐ 결과는?	☐ 근거-나의 경험	☐ 근거-주변 사례	☐ 근거-책		
	☐ 중요성 강조	☐ 기대하는 것	☐ 해야 할 일	☐ ?		
마무리	☐ 핵심 내용 정리	☐ 퀴즈 내기	☐ 마지막 메시지	☐ 감사 표현	☐ 질문 받기	

- 먼저 대부분의 사람들이 생각하는 가치관에 대해 생각해 보세요.
- 나는 그 사람들과 어떤 차이가 있는지, 어떤 것을 중요하게 생각하는지 정리해야 합니다.
- 언제부터, 어떻게 해서 이렇게 하게 되었는지 구체적으로 설명하는 것이 좋습니다.
- 나의 경험이나 주변의 사례들, 유명한 사람들의 이야기를 근거로 들면 청중들의 공감을 얻기가 쉽습니다.
- 마무리할 때 청중들의 반응을 살펴보면서 그 사람들을 응원하는 메시지를 보내면 좋습니다.

04. 발표문 쓰고 연습하기 *예시 발표문을 참고해서 써 보세요.*

■ 나의 발표 주제: ■ 발표 시간: 4분~5분

제목 :

| 발표문 쓰기 | 피드백 | 읽고 연습하기 | 피드백 | 녹음하기 | 피드백 | 녹화하기 | 피드백 | 발표하기 |

부록

1 효과적인 PPT 만들기

1-1 PPT 구상하기

1-2 슬라이드 작성 방법

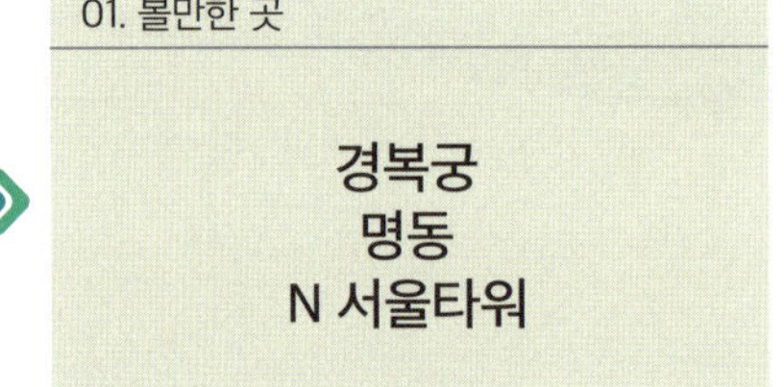

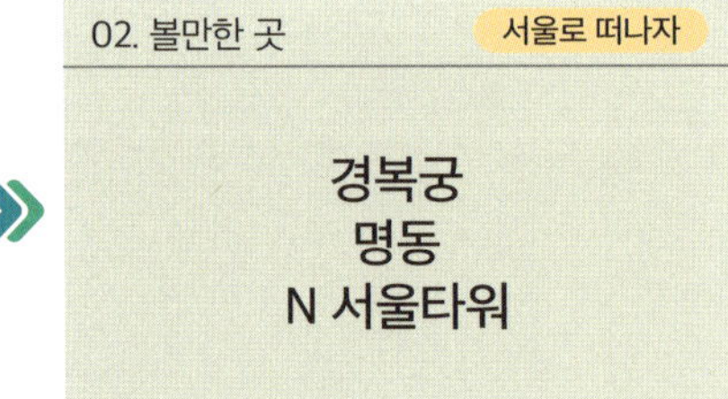

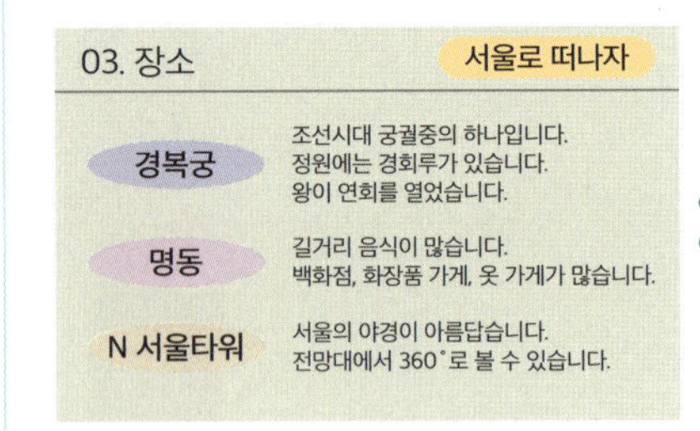

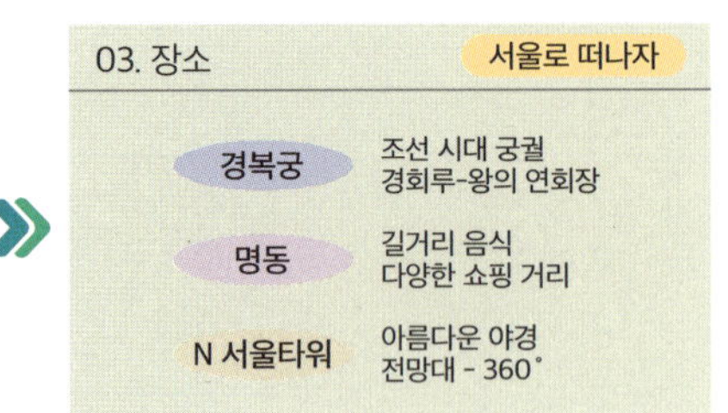

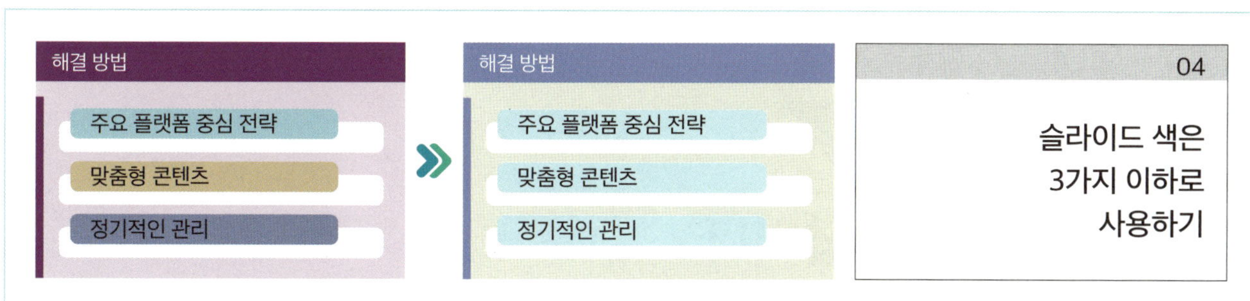

해결 방법
주요 플랫폼 중심 전략
맞춤형 콘텐츠
정기적인 관리
해결 방법
주요 플랫폼 중심 전략
맞춤형 콘텐츠
정기적인 관리
04
슬라이드 색은
3가지 이하로
사용하기

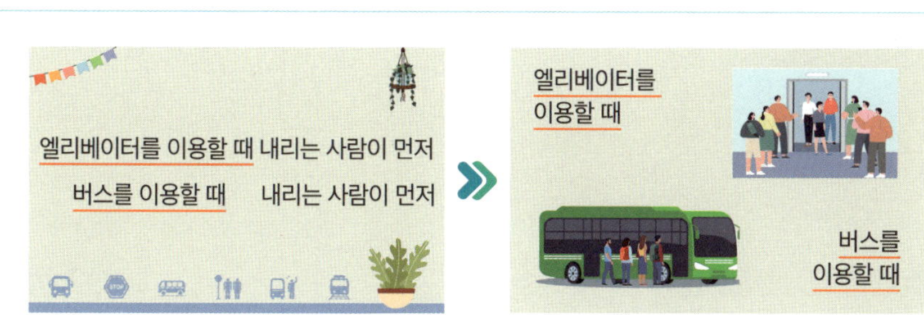

엘리베이터를 이용할 때 내리는 사람이 먼저
버스를 이용할 때   내리는 사람이 먼저
엘리베이터를
이용할 때
버스를
이용할 때
05
불필요한 그림은 쓰지 않기
애니메이션은
주제에 맞게 사용하기

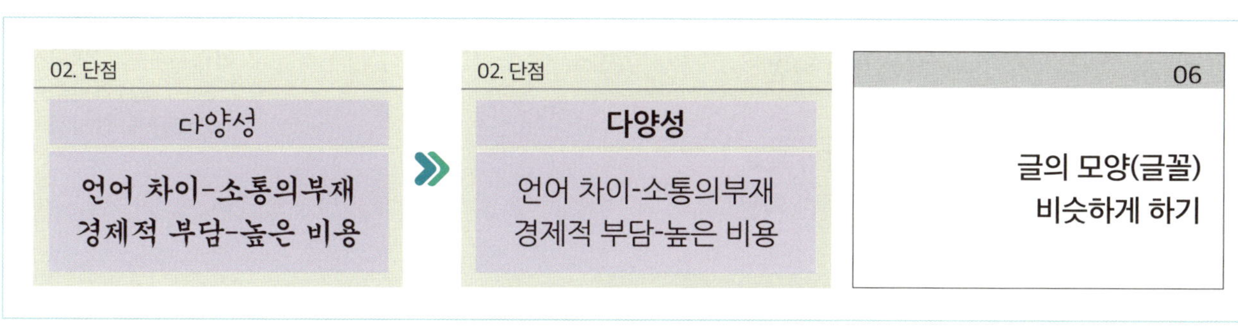

02. 단점
다양성
언어 차이-소통의부재
경제적 부담-높은 비용
02. 단점
다양성
언어 차이-소통의부재
경제적 부담-높은 비용
06
글의 모양(글꼴)
비슷하게 하기

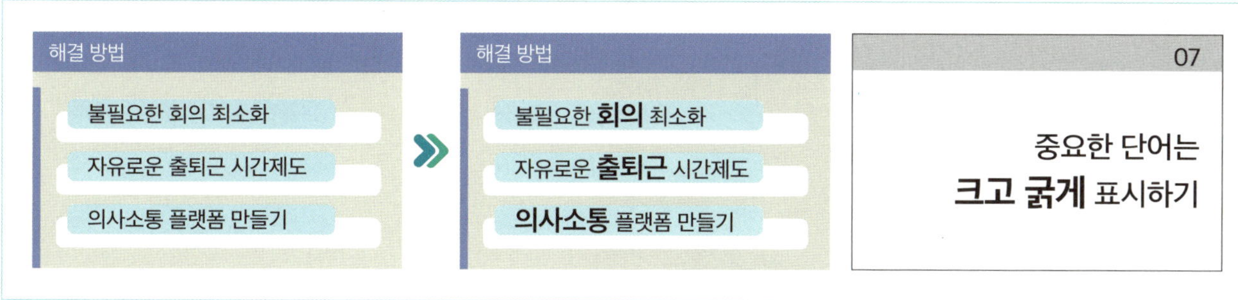

해결 방법
불필요한 회의 최소화
자유로운 출퇴근 시간제도
의사소통 플랫폼 만들기
해결 방법
불필요한 회의 최소화
자유로운 출퇴근 시간제도
의사소통 플랫폼 만들기
07
중요한 단어는
크고 굵게 표시하기

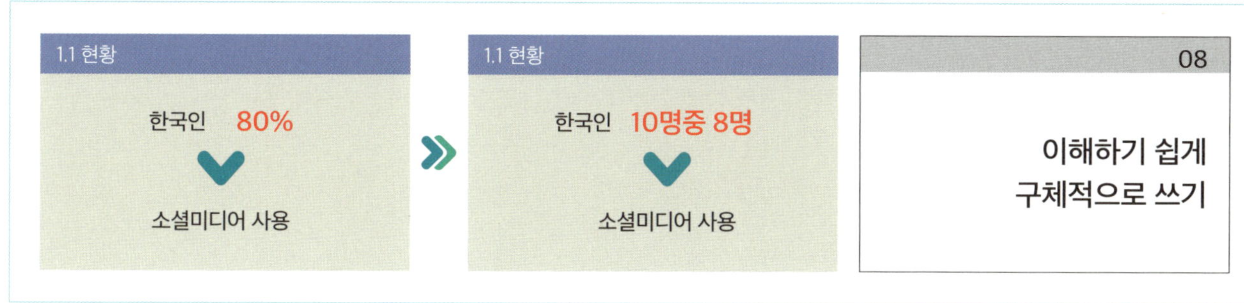

1.1 현황
한국인 80%
소셜미디어 사용
1.1 현황
한국인 10명중 8명
소셜미디어 사용
08
이해하기 쉽게
구체적으로 쓰기

01 표지

① 제목
② 학과 / 이름
③ 학번
④ 과목명
⑤ 발표 날짜

차례	
1	서론
2	프로젝트 추진 배경
3	해결책
4	프로젝트의 성과와 목표
5	성과를 이루기 위한 지원
6	결론

02 목차

<발표 자료에 쓰기 좋은 글꼴>
1. 나눔 고딕 : 안녕하세요
2. 맑은 고딕 : 안녕하세요
3. 돋움 (체) : 안녕하세요
4. 바탕체 : 안녕하세요

소셜 미디어란?

03 서론

전달해야 하는 중요한 내용만 쓰기
그림과 함께 간단하게 제시하기

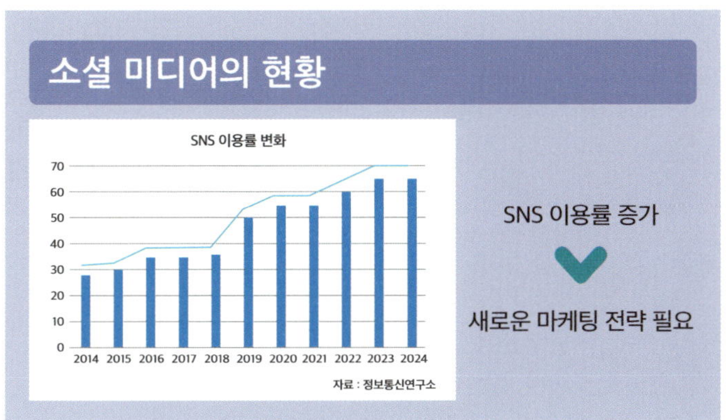

04 본론 ①

글자는 크게, 내용은 간단하게 쓰기
본론에 필요한 슬라이드는 3~4장
'-아요/어요/해요'로 쓰지 않기

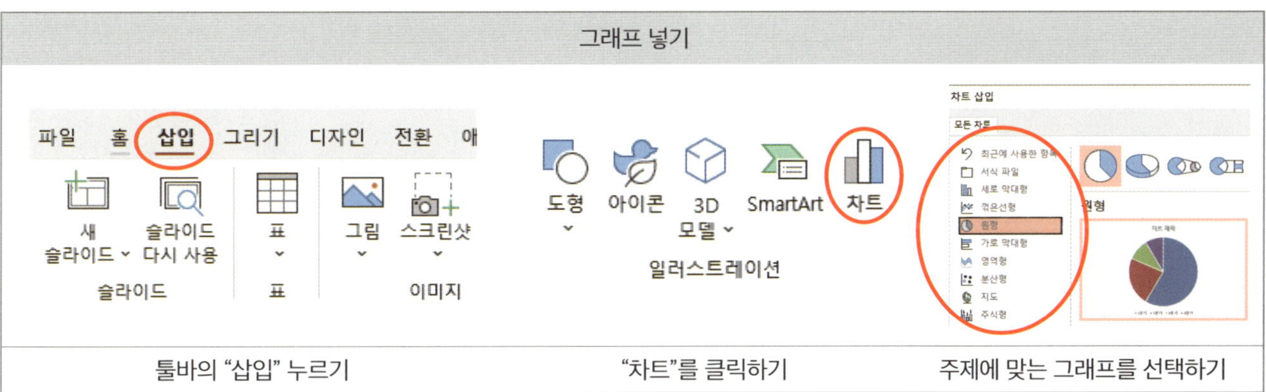

05 본론 ②

<Smart Art> 활용하기
목록형 : 목차나 순서를 쓸 때
피라미드형 : 계층 구조를 만들 때
주기형 : 증가/감소의 형태를 만들 때
프로세스형 : 화살표가 있는 도형을 쓸 때
계층 구조형 : 위·아래의 순서를 만들 때

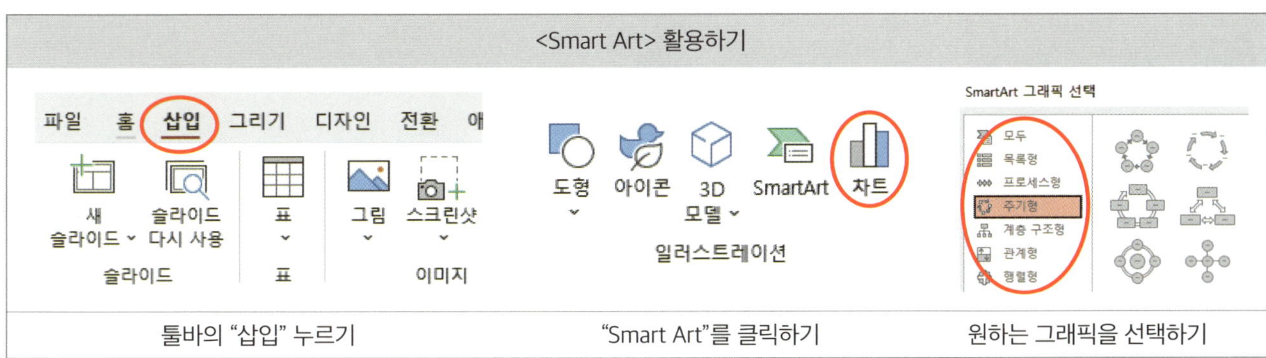

06 결론

서론·본론에서 제시한 내용 요약하기
주제에 대한 의견 정리하기
앞으로의 방향 제시하기

07 정리하기

참고 자료/질의응답/마무리 인사
참고 자료나 문헌이 있는 경우
반드시 제시하기

08 질의응답

발표 후 청중들의 질문 받고 응답하기

09 감사 인사

'마지막 인사' 자료에 제시하기

2 발표 평가 기준표

2-1 발표하기 전에 확인하기

01 발표문 자가 진단표 *발표문을 다시 한번 확인해 봅시다.*

발표자 이름 :		발표 날짜 :	년	월	일

번호	확인 목록	확인 사항		
		O	X	기타
1	발표의 목적이 무엇인지 명확히 제시했다(예: 주장, 설명, 스토리텔링 등).			
2	발표 내용이 서론, 본론, 결론의 순서로 되어 있다.			
3	발표문의 주제와 어울리는 예시를 사용했다.			
4	가능하면 쉬운 표현을 사용해서 이해하기 쉽도록 설명했다.			
5	정확한 문법과 어휘를 사용했다.			
6	발표문 내용에 대해 충분히 연구하고 분석했다.			
7	발표문에 사용한 데이터는 신뢰할 만한 자료에서 인용했다.			
8	발표문 주제에 대한 다양한 관점을 균형 있게 제시했다.			
9	발표문에 제시된 정보의 출처는 모두 명확히 제시했다.			
10	청중의 배경, 관심사, 선호도 등에 맞는 적절한 표현을 사용했다.			

02 슬라이드 자가 진단표 *슬라이드를 다시 한번 확인해 봅시다.*

발표자 이름 :		발표 날짜 :	년	월	일

번호	확인 목록	확인 사항		
		O	X	기타
1	슬라이드에 발표 주제가 무엇인지 잘 나타나 있다.			
2	발표 주제와 슬라이드의 디자인이 잘 어울린다.			
3	슬라이드에 오타가 없다.			
4	슬라이드의 디자인과 색상이 일관성 있고 깔끔하다.			
5	슬라이드 한 장에 적당한 양의 발표 내용이 있다.			
6	슬라이드의 그림, 그래프 그리고 표는 발표 주제에 맞게 만들었다.			
7	발표 슬라이드의 바탕색의 종류는 ___________ 가지입니다.	바탕색의 종류 :3개가 적당		
8	발표 슬라이드의 글자 색의 종류는 ___________ 가지입니다.	글자 색의 종류 :3개가 적당		
9	발표 슬라이드의 글꼴은 종류는 ___________ 가지입니다.	글자의 종류 : 2개가 적당		
10	발표 슬라이드 한 장에 ___________ 줄이 있습니다.	슬라이드 한 장 : 최대 7줄.		

발표자 이름 :	발표 날짜 :	년	월	일
발표 주제 :				

확인 목록	확인 사항		
	O	X	기타
발표 기술 정확한 발음으로 발표할 수 있습니까?			
말의 속도가 너무 빠르지 않도록 연습했습니까?			
발표할 때 자신감 있는 목소리로 할 수 있습니까?			
발표할 때 목소리의 크기나 억양이 자연스럽도록 연습했습니까?			
습관적으로 "~음, ~그, ~에" 등의 말을 반복하지 않도록 연습했습니까?			
발표 내용 발표문의 내용을 이해했습니까?			
도입에서 청중들의 관심을 끌 수 있는 발표를 준비했습니까?			
본론에서 청중들에게 중심 내용을 잘 전달할 수 있도록 준비했습니까?			
마무리에서 주제를 잘 요약해서 청중들에게 전달할 수 있도록 준비했습니까?			
정해진 발표 시간에 맞출 수 있도록 준비했습니까?			
발표 자세 어떤 표정으로 발표해야 하는지 연습했습니까?			
손과 자세를 어떻게 할지 결정했습니까?			
청중을 골고루 보는 연습을 했습니까?			
언제, 어디에서 슬라이드를 가리켜야 하는지 결정했습니까?			
스크린의 어느 방향에 서서 발표할지 결정했습니까?			
발표 자료 주제를 잘 반영한 자료를 준비했습니까?			
청중의 질문을 예상하고 거기에 맞는 답변을 준비했습니까?			
메모 카드를 준비했습니까?			
질문에 대비한 참고 자료를 준비했습니까?			
발표를 위한 보조 장비를 준비했습니까? (노트북, 포인터 등)			

2-2 발표 평가지

01 교사용 발표 평가지

⑤ 매우 그렇다 ④ 그렇다 ③보통이다 ② 그렇지 않다 ① 전혀 그렇지 않다

평가자 이름 :					
발표자 이름 :	발표 날짜 : 년 월 일				

평가 목록	평가 기준				
	⑤	④	③	②	①
발표 기술 — 발표자가 자신감 있는 태도로 발표했습니까?					
발표자의 목소리 크기가 적당합니까?					
발표자는 말의 속도를 잘 조절했습니까?					
발표자가 발음을 정확하게 했습니까?					
발표 내용 — 발표 도입 부분이 청중의 관심을 끌었다고 생각하십니까?					
본론에서 주제에 맞는 내용으로 발표했습니까?					
마무리에서 발표자의 생각을 잘 요약해서 말했습니까?					
발표자가 발표 주제를 잘 이해하고 있습니까?					
발표 내용이 논리적으로 잘 연결되어 있습니까?					
청중의 질문에 답변을 잘했습니까?					
발표 시간을 잘 지켰습니까?					
발표 자세 — 발표자는 모든 청중과 눈맞춤을 했습니까?					
청중의 분위기를 긍정적으로 이끌었습니까?					
발표자의 손짓과 자세가 자연스러웠습니까?					
발표자의 표정은 긴장하지 않고 부드러웠습니까?					
발표 자료 — 발표에 최근 자료가 사용되었습니까?					
발표 슬라이드의 디자인이 일관성이 있었습니까?					
시각 자료(그림, 사진 등)를 효과적으로 사용했습니까?					
발표 보조 장비를 효과적으로 사용했습니까?					
발표에 사용된 자료의 출처가 정확합니까?					

⑤ 매우 그렇다   ④ 그렇다   ③보통이다   ② 그렇지 않다   ① 전혀 그렇지 않다

평가자 이름 :					
발표자 이름 :	발표 날짜 :	년	월	일	

평가 목록	평가 기준				
	⑤	④	③	②	①
발표 기술 발표자가 자기소개를 정확하게 했습니까?					
발표자 목소리에 자신감이 있습니까?					
발표자 목소리의 크기가 적당합니까?					
발표자는 긴장하지 않고 발표했습니까?					
발표 내용 발표의 도입이 흥미로웠습니까?					
본론에서 발표자가 중심내용을 잘 전달했다고 생각하십니까?					
마무리에서 발표자가 전체 내용을 잘 요약했다고 생각하십니까?					
청중의 질문에 답변을 잘했습니까?					
발표 시간을 잘 지켰습니까?					
발표 자세 발표자의 손짓과 자세가 자연스러웠습니까?					
발표자는 청중의 눈을 골고루 보면서 발표했습니까?					
발표자의 표정은 긴장하지 않고 부드러웠습니까?					
발표 자료 발표 주제와 맞는 그림이나 사진을 사용했습니까?					
발표자는 자료에 있는 내용을 잘 이해했습니까?					
슬라이드의 글씨가 잘 보였습니까?					
발표자는 메모 카드를 효과적으로 사용했습니까?					

▶ 친구의 발표는 어땠습니까? 여러분의 의견을 써 주세요.

예시 답안

※ 예시 답안 활용 방법

공부할 때 참고할 수 있도록 예시 답안을 제공하고 있습니다. 예시 답안은 참고로 활용하고 자신이 생각하는 표현을 생각해서 말하는 것이 좋습니다.

Chapter 1 발표를 위한 준비

3. 발표문의 특성 이해하기

3-2 문장 짧게 쓰기　p.26

□ 연습

<문장 자르기>

2. 중소기업에 취업하기 싫은 가장 큰 원인은 '낮은 연봉'과 '부족한 복지 제도'로 나타났습니다.
3. 이 외에도 기업의 안정성이나 성장 가능성이 낮기 때문인 것으로 나타났습니다.
4. 이에 대한 개선이 필요한 것으로 보입니다.

<수정 후>

최근 청년 구직자 1000명을 대상으로 중소기업에 대한 인식을 조사했습니다. 조사 결과를 살펴보면 중소기업에 취업하기 싫은 가장 큰 원인은 '낮은 연봉'과 '부족한 복지 제도'로 나타났습니다. 이 외에도 기업의 안정성이나 성장 가능성이 낮기 때문인 것으로 나타났는데요. 이에 대한 개선이 필요한 것으로 보입니다.

3-3 접속부사 활용하기　p.27

□ 연습

2. 그 사람은 힘들고 어려운 일이 있습니다. 그래도 도움을 받으려고 하지 않습니다.
3. 누구나 실패할 수 있습니다. 하지만 포기하지 않으면 성공할 가능성이 있습니다.
4. 경치도 중요하지만 사람들이 친절하고 음식도 맛있어야 합니다. 그래야 관광객이 많이 옵니다.
5. 한국말을 연습하고 싶었습니다. 그런데 같이 이야기할 친구가 없습니다. 그래서 한국 드라마를 봤습니다.

3-7 발표 내용 전개하기　p.35

□ 연습

- 결론: 저는 일회용 플라스틱 제품을 쓰지 않는 것이 좋다고 생각합니다. 두 가지 이유를 말씀드리겠습니다.
- 이유1: 플라스틱은 잘 썩지 않아서 환경에 나쁜 영향을 줍니다.
- 근거1: 플라스틱이 썩는 데 걸리는 시간은 80년 이상 된다고 합니다. 그동안 지구의 오염은 더 심해집니다.
- 이유2: 또한 플라스틱 제품을 자주 사용하면 건강에도 문제가 생길 수 있습니다.
- 근거2: 플라스틱 제품에서는 환경 호르몬이 나옵니다. 환경 호르몬은 각종 질병의 원인이 된다는 연구 결과가 있습니다.
- 마무리: 이렇게 플라스틱 제품은 환경과 건강에 모두 좋지 않기 때문에 제도적으로 금지하는 것이 좋다고 생각합니다.

□ 연습 2

- 결론: 저는 도시를 개발하는 것에 찬성합니다. 제가 찬성하는 이유는 두 가지입니다.
- 이유1: 도시에는 다양한 공공시설이 필요합니다.
- 근거1: 대부분의 도시는 농촌에 비해 인구가 많습니다. 그래서 공공 시설이 부족합니다. 사람들이 편리하게 이용할 수 있는 시설을 더 만들어야 합니다.
- 이유2: 또한 오래된 건물을 그대로 두면 위험합니다.
- 근거2: 도시마다 오래되고 낡은 건물들이 많은데 이 건물들을 다시 짓지 않으면 사고가 발생할 수 있기 때문입니다.
- 마무리: 저는 도시를 완전히 새로 바꾸는 것에는 반대하지만 편리하고 안전한 도시를 만드는 개발에는 찬성합니다.

4. 발표 효과 높이기

4-1 강조하기　p.38

□ 연습

1	~ 찬성합니다. / 여러분은 ~
2	~ 비결이었습니다. // 그렇다면 ~
3	~ 좋을까요? / 일주일에 ~
4	~ 쑥과 마늘을 먹고 / ~했습니다 / 100일 후 ///
5	~ 해야 합니다. / 그러면 ~
6	~ 무엇일까요? /// 제가 생각하기에는 ~
7	~ 무엇일까요? / ~ 믿음입니다. // 믿음이 ~
8	~ 하셨습니다. / "고기는 ~
9	~ 좋을까요? // 오히려 저를 ~
10	~ 않으셨습니다. / 오히려 저를 ~
11	~ 중요합니다. // 작은 것이라도 ~
12	~ 불과합니다. / 나머지 ~

04 종합 연습

–강조하고 싶은 부분에 자유롭게 표시해 보세요.

4-4 발표할 때 자세   p.44

1	2	3	4	5	6
X	X	X	O	X	X
7	8	9	10	11	12
X	X	X	X	O	X

□ 연습

1	2	3	4	5	6
(3)	(5)	(1)	(2)	(7)	(6)
7	8	9	10	11	12
(9)	(11)	(12)	(8)	(4)	(10)

Chapter 2 설명을 위한 발표

1. N의 이해

1-2 어휘 설명하기   p.49

1. '개발하다'라고 합니다.
2. '분류하다'라고 합니다.
3. '동료'라고 합니다.
4. '별자리'라고 합니다.
5. '혈액형'이라고 합니다.
6. '부작용'이라고 합니다.
7. '추구하다'라고 합니다.
8. '외향적이다'라고 합니다.
9. '내성적이다'라고 합니다.
10. '편견'이라고 합니다.

1-4 문장 길게 말하기   p.50

Step 1
02 [성격이 활발한], [마음이 따뜻한], [착한], [재미있는]...
03 [외국인에 대해], [그 회사에 대해], [외모에 대해]...
04 [자주 화를 내는], [소비가 줄어드는], [말을 많이 하는]...

Step 2
06 [자유로운], [규칙적인]...
　　[편하고 자유로운], [계획적이고 규칙적인]...
07 [해결하는], [만드는], [사귀는]...
　　[문제를 해결하는], [김치를 만드는], [친구를 잘 사귀는]...

Step 3
09 [힘들어하는]...
　　[동료 때문에 힘들어하는]...
　　[마음이 잘 안 맞는 동료 때문에 힘들어하는]...

1-5 문장 유형으로 말하기   p.50

1 이 연습의 목적은 한국어를 잘하기 위한 것입니다.
　이 운동의 목적은 근육을 만드는 것입니다.
2 장학금은 성적에 따라서 결정됩니다.
　옷을 고르는 것은 그날 날씨에 따라 결정됩니다.
3 전문가들은 규칙적인 운동이 필요하다고 조언합니다.
　전문가들은 기술을 잘 이용해야 한다고 조언합니다.
4 보고 싶으면 언제든지 볼 수 있습니다.
　여행하고 싶으면 언제든지 떠날 수 있습니다.

1-6 같은 뜻 다른 표현으로 말하기   p.51

8	→	7	→	5	→	9	→	1	→
2	→	10	→	3	→	4	→	6	

2. N의 방법

2-2 어휘 설명하기   p.55

1. '채용'이라고 합니다.
2. '구직자'라고 합니다.
3. '해외 취업'이라고 합니다.
4. '응원하다'라고 합니다.
5. '검색하다'라고 합니다.
6. '발휘하다'라고 합니다.
7. '스펙'이라고 합니다.
8. '취업 박람회'라고 합니다.
9. '채용 공고'라고 합니다.
10. '설문조사'라고 합니다.

2-4 문장 길게 말하기   p.56

Step 1
02 [안 된다는], [할 수 없다는], [무섭다는], [힘들다는]...
03 [공부할 수 있는], [일할 수 있는], [좋은], [성공할]...
04 [운전면허], [대학 진학을 위한], [의사가 되기 위한]...

Step 2
06 [필요한], [사고 싶은]...
　　[청소할 때 필요한], [인터넷에서 사고 싶은]...
07 [단어장], [가격 비교]...
　　[한국어 공부할 때 단어장], [쇼핑할 때 가격 비교]...

Step 3
09 [축제가 있다는]...
　　[매년 5월에 축제가 있다는]...

[친구한테서 매년 5월에 축제가 있다는]...

2-5 문장 유형으로 말하기   p.56

1 왜 약속을 안 지켰는지 확인해 봐야 합니다.
   언제 모임이 있는지 확인해 봐야 합니다.
2 외국인이라면 누구나 신청할 수 있습니다.
   노래를 잘하는 사람이라면 누구나 참가할 수 있습니다.
3 자신감을 가지는 것이 무엇보다 중요합니다.
   계획을 잘 세우는 것이 무엇보다 중요합니다.
4 일회용 컵을 쓰지 말고 머그컵을 사용하기 바랍니다.
   걱정하지 말고 긍정적인 생각을 가지기 바랍니다.

2-6 같은 뜻 다른 표현으로 말하기   p.57

| 2 | → | 7 | → | 1 | → | 10 | → | 3 | → |
| 9 | → | 8 | → | 6 | → | 4 | → | 5 | |

3. N의 조건

3-2 어휘 설명하기   p.61

1. '교통체증'이라고 합니다.
2. '대중교통'이라고 합니다.
3. '편의시설'이라고 합니다.
4. '자연재해'라고 합니다.
5. '홍수'라고 합니다.
6. '개선하다'라고 합니다.
7. '야외활동'이라고 합니다.
8. '대비하다'라고 합니다.
9. '범죄'라고 합니다.
10. '친환경 도시'라고 합니다.

3-4 문장 길게 말하기   p.62

Step 1
02 [나무가 많은], [호수가 있는], [산책하기 좋은]...
03 [전기 자동차에 대한], [환경에 대한], [AI기술에 대한]...
04 [출퇴근이 자유로운], [적성에 맞는], [힘든], [유망한]...
Step 2
06 [발표하는], [나가는], [받는]...
   [회의에서 발표하는], [무대에 나가는], [선물을 받는]...
07 [배려하는], [스스로 할 수 있는]...
   [다른 사람을 배려하는], [뭐든지 스스로 할 수 있는].

Step 3
09 [필요한]...
   [생활에 필요한]...
   [그 건물은 생활에 필요한]...

3-5 문장 유형으로 말하기   p.62

1 첫 번째 조건은 긍정적인 마음으로 사는 것입니다.
   첫 번째 조건은 일하기 좋은 근무 환경입니다.
2 꽃은 누구나 받고 싶어 하는 선물입니다.
   BTS는 누구나 만나고 싶어 하는 가수입니다.
3 한국어를 배운 사람이라야 이 책을 읽을 수 있습니다.
   열심히 공부해야 그 시험에 합격할 수 있습니다.
4 여행을 잘하는 것은 날씨에 달려 있습니다.
   성공하는 것은 그 사람의 노력에 달려 있습니다.

3-6 같은 뜻 다른 표현으로 말하기   p.63

| 4 | → | 9 | → | 1 | → | 8 | → | 2 | → |
| 3 | → | 10 | → | 7 | → | 5 | → | 6 | |

4. N의 장단점

4-2 어휘 설명하기   p.67

1. '구하다'라고 합니다.
2. '갈등'이라고 합니다.
3. '소통'이라고 합니다.
4. '오해'라고 합니다.
5. '장점'이라고 합니다.
6. '공공 서비스'라고 합니다.
7. '차별'이라고 합니다.
8. '수출하다'이라고 합니다.
9. '단점'이라고 합니다.
10. '인구'라고 합니다.

4-4 문장 길게 말하기   p.68

Step 1
02 [이곳을 찾는], [가족과 함께 여행하는], [외국인]...
03 [청년들을 위한], [노인들을 위한], [안정적인], [다양한]...
04 [긍정적인], [부정적인], [아이들에게], [날씨에], [나쁜]...
Step 2
06 [유학하는 데], [수리하는 데]...
   [해외에서 유학하는 데], [그 물건을 수리하는 데]...

07 [문제를 해결할 수 있는]…

    [지금 일어나는 문제를 해결할 수 있는]…

Step 3

09 [극복할 수 있다는]…

    [어려움을 극복할 수 있다는]…

    [아무리 힘들어도 어려움을 극복할 수 있다는]…

4-5 문장 유형으로 말하기   p.68

1 전자책의 장점은 가지고 다니기가 편리하다는 것입니다.
  그 사람의 장점은 항상 친절하다는 것입니다.
2 혼자 할 수 없다는 것이 이 운동의 단점입니다.
  직접 볼 수 없다는 것이 온라인 쇼핑의 단점입니다.
3 열심히 공부하면 성적이 오르기 마련입니다.
  나이가 들면 건강이 안 좋아지기 마련입니다.
4 그 나라에서 공부하려면 비용이 많이 듭니다.
  아이를 기르려면 비용이 많이 듭니다.

4-6 같은 뜻 다른 표현으로 말하기   p.69

9	→	6	→	8	→	3	→	7	→
1	→	2	→	10	→	5	→	4	

5. 조사 결과

5-2 어휘 설명하기   p.73

1. '의류'라고 합니다.
2. '패스트패션'이라고 합니다.
3. '신상품'이라고 합니다.
4. '소비자'라고 합니다.
5. '구매하다'라고 합니다.
6. '유행'이라고 합니다.
7. '공감하다'라고 합니다.
8. '등장하다'라고 합니다.
9. '응답하다'라고 합니다.
10. '재활용'이라고 합니다.

5-4 문장 길게 말하기   p.74

Step 1

02 [새해에 세운], [취업 준비를 위한], [건강을 위한]…
03 [나에게 어울리는], [색깔이 밝은], [편한], [질이 좋은]…
04 [실용적인], [싸고 좋은], [여행할 때 필요한], [수출하는]…

Step 2

06 [개발한], [기다리던], [새로운]…

    [그 회사에서 개발한], [모두 기다리던], [기능이 새로운]…

07 [음식], [의류]…

    [재활용이 어려운], [환경에 나쁜 영향을 주는]…

Step 3

09 [부정적인]…

    [우리 몸에 부정적인]…

    [우울한 기분은 우리 몸에 부정적인]…

5-5 문장 유형으로 말하기   p.74

1 직장인 100명을 대상으로 만족도에 대해 조사했습니다.
  주부 200명을 대상으로 집안일에 대해 조사했습니다.
2 만족하지 않는다는 대답은 30%로 나타났습니다.
  집안일이 많다고 응답한 주부가 50%로 나타났습니다.
3 커피 대신 녹차를 마셔야 합니다.
  시험 대신 과제를 제출해야 합니다.
4 가능하면 위험한 곳에는 가지 않는 것이 좋습니다.
  가능하면 먼저 사과하는 것이 좋습니다.

5-6 같은 뜻 다른 표현으로 말하기   p.75

6	→	5	→	4	→	7	→	8	→
9	→	10	→	3	→	1	→	2	

5-8 그래프 보고 설명하기   p.76

☐ 연습 1

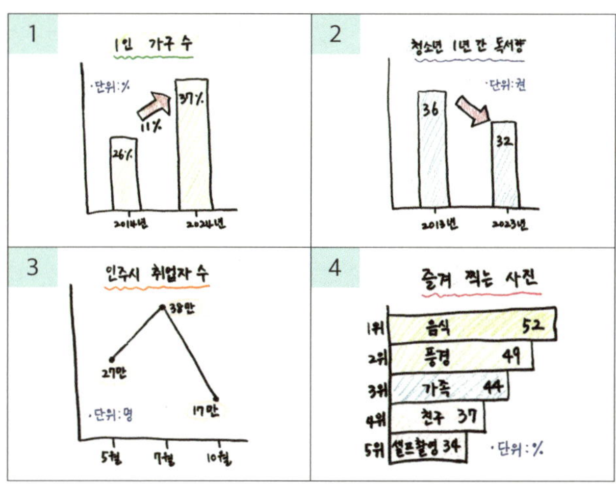

1. 서주시 자전거 이용자 수는 2012년 4만 명에서 2023년 21만 명으로 5배 증가한 것으로 나타났습니다.
2. 서주시 일회용 플라스틱 컵 사용량은 2020년 12만 5천 개에서 2023년 6만 5천 개로 50% 감소한 것으로 나타났습니다.
3. 서주시 외국인 인구는 2019년 12만 명에서 2020년 8만 명으로 감소했다가 2023년에는 16만 명으로 증가한 것으로 나타났습니다.
4. Z세대 직장 내 소통 방법은 1위가 메신저로 76%를 차지했습니다. 다음으로 직접 대화 17%, 전화 13%, 이메일 10%로 나타났습니다.

5-9 원인, 전망, 목적 설명하기

□ 연습 1   p.77

1. 이번 조사에서는 취미 활동을 못 하는 이유에 대해 물어 봤습니다. 그 결과 시간이 부족해서가 59%로 가장 많았습니다. 이어서 경제적 부담이 커서라는 응답이 28%로 2위를 차지했습니다. 마지막으로 시설이 부족해서라는 응답이 13%로 나타났습니다.
2. 이번 조사에서는 중고 물품 구입 이유에 대해 물어 봤습니다. 그 결과 가격이 저렴해서가 62%로 가장 많았습니다. 이어서 부담 없이 사용하고 싶어서라는 응답이 18%로 2위를 차지했습니다. 다음으로 독특한 물건을 구입할 수 있어서라는 응답이 13%로 나타났고요. 마지막으로 환경을 생각해서라는 응답은 7%로 나타났습니다.
3. 이번 조사에서는 수면이 부족한 이유에 대해 물어 봤습니다. 그 결과 퇴근 후 집안일이 많아서가 56%로 가장 많았습니다. 이어서 잠이 오지 않아서라는 응답이 35%로 2위를 차지했습니다. 마지막으로 퇴근 시간이 늦어서라는 응답이 19%로 나타났습니다.
4. 이번 조사에서는 현재 직장이 평생직장이라고 생각하지 않는 이유에 대해 물어 봤습니다. 그 결과 안정적인 직장이 아니라서가 46%로 가장 많았습니다. 이어서 급여가 적어서라는 응답이 44%로 2위를 차지했습니다. 다음으로 회사 복지가 안 좋아서라는 응답이 32%로 나타났고요. 마지막으로 이직 준비 중이라서라는 응답은 27%로 나타났습니다.
5. 이번 조사에서는 은행 앱에 대한 불만족 이유에 대해 물어 봤습니다. 그 결과 사용이 복잡해서가 70%로 가장 많았습니다. 이어서 도움 받기 어려워서라는 응답이 36%로 2위를 차지했습니다. 마지막으로 정보 이해가 어려워서라는 응답이 34%로 나타났습니다.
6. 이번 조사에서는 서울 재방문 결정 이유에 대해 물어 봤습니다. 그 결과 음식이 맛있어서가 60%로 가장 많았습니다. 이어서 쇼핑하기 좋아서라는 응답이 30%로 2위를 차지했습니다. 마지막으로 날씨가 좋아서라는 응답이 20%로 나타났습니다.

□ 연습 2   p.78

1. 전기차는 2020년 310만 대에서 2025년 1900만 대, 2040년 7180만 대까지 증가할 것으로 전망됩니다.
2. 유소년 인구는 2020년 632만 명에서 2040년 318만 명까지 감소할 것으로 전망됩니다.
3. 세계 폐기물 발생량은 2020년 22억 4천만 톤에서 2050년 38억 8천만 톤까지 증가할 것으로 전망됩니다.
4. 온실 가스 감축은 2020년 마이너스 31%에서 2040년 마이너스 90%까지 감축할 것으로 전망됩니다.
5. 빈집은 2020년 150만 가구에서 2040년 240만 가구, 2050년 324만 가구까지 증가할 것으로 전망됩니다.
6. 서울시 인구는 2015년 990만 명에서 2020년 980만 명, 2040년 916만 명까지 감소할 것으로 전망됩니다.

□ 연습 3   p.78

1. 미혼 남녀가 동호회 활동을 하는 목적을 보면 취미 활동을 하려고가 37%로 가장 많았습니다. (가장 높았습니다) 이어서 자기 계발을 위해서가 18%로 2위였고요. 다음으로 사교를 위해서가 13%, 마지막으로 기타는 7%로 나타났습니다.
2. 여행하는 목적을 보면 휴식이 46%로 가장 높았습니다. 이어서 관광지 방문이 44%로 2위였고요. 다음으로 새로운 경험이 32%, 마지막으로 일상 탈출은 27%로 나타났습니다.
3. 창업하는 목적을 보면 전공을 살리기 위해가 46%로 가장 높았습니다. 이어서 아이디어를 실현하려고가 43%로 2위였고요. 다음으로 돈을 벌기 위해가 34%, 마지막으로 자유롭게 일하려고는 21%로 나타났습니다.

Chapter 3 주장을 위한 발표

1. 찬반 의견

1-2 어휘 설명하기   p.85

1. '포기하다'라고 합니다.
2. '재택근무'라고 합니다.

3. '생활비'라고 합니다.

4. '출근하다'라고 합니다.

5. '근무 시간'이라고 합니다.

6. '절약하다'라고 합니다.

7. '여가 생활'이라고 합니다.

8. '집중력'이라고 합니다.

9. '업무 만족도'라고 합니다.

10. '감염병'이라고 합니다.

1-4 문장 길게 말하기   p.86

Step 1

02 [월급이 많은], [근무 환경이 좋은], [제 전공에 맞는]

03 [여유로운], [가족과 함께 하는], [농사 지으며 사는]…

04 [퇴근하는], [밥을 먹는], [쉬는], [운동하는], [노는]…

Step 2

06 [외식하는], [구입하는], [처리하는]…

    [주말에 외식하는], [옷을 구입하는], [음식을 처리하는]…

07 [위험한], [모기가 옮기는]…

    [특히 노인들에게 위험한], [지난 여름에 모기가 옮기는]…

Step 3

09 [업무에 대한]…

    [서로 소통이 잘 되면 업무에 대한]…

    [회사에서 서로 소통이 잘 되면 업무에 대한]…

1-5 문장 유형으로 말하기   p.86

1 저는 아침을 먹는 것이 좋다고 생각합니다.

  저는 도시를 개발하지 않는 것이 좋다고 생각합니다

2 가장 큰 이유는 어디에서든지 자유롭게 운동할 수 있기때문입니다.

  가장 큰 이유는 어디에서든지 자유롭게 자신의 의견을 말할 수 있기 때문입니다.

3 그 회사는 운동 시설이 있다는 것이 아주 매력적입니다.

  그 도시는 큰 공원이 있다는 것이 아주 매력적입니다.

4 SNS를 이용하면 광고하는 데 드는 비용을 줄일 수 있습니다.

  걷기나 달리기를 하면 운동하는 데 드는 비용을 줄일 수 있습니다.

1-6 같은 뜻 다른 표현으로 말하기   p.87

9	→	1	→	5	→	8	→	7	→
10	→	3	→	2	→	6	→	4	

1-8 찬반 발표문 구조 연습하기
03 이유와 근거 말하기   p.88

<연습>

[이유]

그 이유는 신뢰가 없으면 마음을 열 수 없기 때문입니다.

[근거]

• 최근 한 조사 결과를 봤는데요. 응답자의 절반 이상이 친구 관계에서 '신뢰'가 중요하다고 답했습니다.

• 예를 들면 약속을 지키지 않거나 거짓말을 하는 경우, 그 사람을 만나기 싫어집니다.

• 제 경험을 말씀드리면 함께 하기로 했던 일을 너무 쉽게 취소하는 친구가 있어서 결국 헤어지게 되었습니다.

04 연습 2   p.89

<찬성 이유>

• 월급이 많아야 만족도가 높다.

• 조건이 좋으면 업무 결과도 좋다.

• 조건이 좋아야 이직하지 않고 오래 일할 수 있다.

• 조건이 좋아야 워라벨을 실현할 수 있다.

• 경제적인 안정이 가족들의 삶에 영향을 미친다.

<반대 이유>

• 하고 싶은 일을 해야 행복하다.

• 결과에 관계 없이 과정을 즐기면서 일할 수 있다.

• 하고 싶은 일을 해야 능력을 발휘할 수 있다.

• 힘든 일이 생겨도 스트레스를 덜 받는다.

• 실패해도 포기하지 않고 다시 도전할 수 있다.

<나의 결론>

저는 하고 싶은 일을 할 때 더 즐겁게 일할 수 있기 때문에, 하고 싶은 일을 선택하는 것이 더 좋다고 생각합니다.

2. 문제 해결

2-2 어휘 설명하기   p.93

1. '빈집'이라고 합니다.

2. '감소하다'라고 합니다.

3. '늘어나다'라고 합니다.

4. '전망하다'라고 합니다.

5. '폐가'라고 합니다.

6. '화재'라고 합니다.

7. '철거하다'라고 합니다.

8. '수리하다'라고 합니다.

9. '아이디어'라고 합니다.

10. '거래'라고 합니다.

2-4 문장 길게 말하기　p.94

Step 1
02 [청소년], [농촌], [투표할 수 있는], [소비를 많이 하는]…
03 [오래된], [100년 전에 지은], [산 아래에 있는]…
04 [성공할], [실패할], [운동을 계속할], [비가 올]…

Step 2
06 [복잡한], [어려운]…
　　[정치적으로 복잡한], [친구의 도움으로 어려운]…
07 [책상 위에 있던], [자주 드는]…
　　[조금 전까지 책상 위에 있던], [학교 갈 때 자주 드는]…

Step 3
09 [경제적인]…
　　[사람들을 돕기 위해서는 경제적인]…
　　[가난한 사람들을 돕기 위해서는 경제적인]…

2-5 문장 유형으로 말하기　p.94

1 조사 결과에 따르면 인구가 감소할 것으로 전망되고 있습니다.
　조사 결과에 따르면 기후변화가 더 심해질 것으로 전망되고 있습니다.
2 이렇게 운동이 부족하면 어떤 문제가 생길까요?
　이렇게 스트레스가 심해지면 어떤 문제가 생길까요?
3 이런 문제는 환경에도 영향을 미치게 됩니다.
　이런 문제는 경제에도 영향을 미치게 됩니다.
4 첫 번째 방법은 많이 읽고 많이 써 보는 것입니다.
　첫 번째 방법은 에너지를 절약하는 것입니다.

2-6 같은 뜻 다른 표현으로 말하기　p.95

4	→	9	→	7	→	8	→	1	→
10	→	3	→	2	→	6	→	5	

Chapter 4　제안과 건의를 위한 발표

1. 제안하기

1-2 어휘 설명하기　p.101

1. '매출'이라고 합니다.
2. '지원'이라고 합니다.

3. '실적'이라고 합니다.
4. '정기적'이라고 합니다.
5. '실시간'이라고 합니다.
6. '유리하다'라고 합니다.
7. '마케팅'이라고 합니다.
8. '예산'이라고 합니다.
9. '투자'라고 합니다.
10. '전략'이라고 합니다.

1-4 문장 길게 말하기　p.102

Step 1
02 [회사를], [이번 제품을], [브랜드를], [서비스를]
03 [미디어], [상반기], [전단지], [프로그램]
04 [소셜 미디어], [모바일 사용], [디지털 채널]

Step 2
06 [수정하고], [다시 세우고] …
　　[전략을 수정하고], [계획을 다시 세우고] …
07 [관심과], [이해와] …
　　[여러분의 관심과], [여러분의 이해와] …

Step 3
09 [미디어]…
　　[효과적인 미디어]…
　　[우리 회사는 효과적인 미디어]…

1-5 문장 유형으로 말하기　p.102

1. 운동을 자주 하면 스트레스를 줄이는 데 도움이 됩니다.
　책을 많이 읽으면 생각을 키우는 데 도움이 됩니다.
2. 경력이 많을수록 취업하는 데 유리합니다.
　발표 준비를 많이 할수록 발표하는 데 유리합니다.
3. 좋은 인상을 주기 위해서는 어떤 태도가 필요할까요?
　학생들의 집중력을 높이기 위해서는 어떤 수업 방식이 필요할까요?
4. 습관이야말로 삶의 질을 결정하는 요소라고 생각합니다.
　소통이야말로 오해를 줄이는 가장 좋은 방법이라고 생각합니다.

1-6 같은 뜻 다른 표현으로 말하기　p.103

3	→	6	→	7	→	9	→	1	→
4	→	5	→	8	→	2	→	10	

2. 건의하기

2-2 어휘 설명하기　　p.107

1. '고생'이라고 합니다.
2. '골병'이라고 합니다.
3. '주관하다'라고 합니다.
4. '플랫폼(Platform) '이라고 합니다.
5. '개선하다'라고 합니다.
6. '협업'이라고 합니다.
7. '영업부'라고 합니다.
8. '자율'이라고 합니다.
9. '효율적'이라고 합니다.
10. '낙(樂)'이라고 합니다.

2-4 문장 길게 말하기　　p.108

Step 1
02 [정보를], [소식을], [내용을], [선물을]...
03 [영업부는], [학생들은], [내일부터]...
04 [부서 간], [친구와], [나이 많은 사람들과]...

Step 2
06 [출퇴근 시간을], [시간표를]...
　　[부서에 따라 출퇴근 시간을] [다음 학기 시간표를]...
07 [이 문제를], [제 제안을]...
　　[회사 차원에서 이 문제를], [신제품에 대한 제 제안을]...

Step 3
0 9 [소통이 잘 되면]...
　　[동료와 소통이 잘 되면]...
　　[같이 일하는 동료와 소통이 잘 되면]...

2-5 문장 유형으로 말하기　　p.108

1. 나이에 따라서 건강 관리 방법을 바꾸는 것이 좋다고 생각합니다.
　　직업에 따라서 옷을 다르게 입는 것이 좋다고 생각합니다.
2. 잡음이 줄어드니까 집중력이 높아집니다.
　　불필요한 회의가 줄어드니까 업무 효율이 높아집니다.
3. 청년 실업 문제는 어제오늘의 일이 아닙니다.
　　출퇴근길 교통 체증은 어제오늘의 일이 아닙니다.
4. "다이어트는 내일부터"라는 말을 입에 달고 살 것입니다.
　　"할 수 있어!"라는 말을 입에 달고 살 것입니다.

1-6 같은 뜻 다른 표현으로 말하기　　p.109

| 7 | → | 1 | → | 4 | → | 9 | → | 8 | → |
| 6 | → | 10 | → | 2 | → | 3 | → | 5 | |

Chapter 5　스토리텔링을 위한 발표

1. 옛날 옛적에

1-2 어휘 설명하기　　p.115

1. '재산'이라고 합니다.
2. '나무꾼'이라고 합니다.
3. '도끼'라고 합니다.
4. '낡다'라고 합니다.
5. '빠뜨리다'라고 합니다.
6. '산신령'이라고 합니다.
7. '수염'이라고 합니다.
8. '정직하다'라고 합니다.
9. '주인공'이라고 합니다.
10. '젓다'라고 합니다.

1-4 문장 유형으로 말하기　　p.116

1. 너무 기뻐서 꿈을 꾸는 것처럼 행복했습니다.
　　너무 맛있어서 하루 종일 굶은 사람처럼 먹었습니다.
2. 열정이 없으면 목표도 이룰 수 없고, 성취감도 느낄 수 없습니다.
　　돈이 없으면 여행도 갈 수 없고, 외식도 할 수 없습니다.
3. 길을 걷다가 친구를 우연히 만났습니다.
　　책을 읽다가 잠이 들었었습니다.
4. 그 친구처럼 재미있게 살아야겠습니다.
　　우리 선생님처럼 바쁘게 살아야겠습니다.

1-5 같은 뜻 다른 표현으로 말하기　　p.116

| 8 | → | 6 | → | 7 | → | 5 | → | 9 | → |
| 3 | → | 4 | → | 10 | → | 2 | → | 1 | |

1-6 간접화법 연습하기

02 연습하기　　p.117

1. (한스 씨가) 어제 가족들과 외식을 했다고 해요.
2. (미리암 씨가) 오늘 날씨가 정말 춥다고 해요.
3. 오빠가 저에게 그 모자를 살거냐고 해요.
4. 제니가 수업 끝나고 같이 도서관에 가겠냐고 해요.

5. 선생님께서 내일까지 숙제를 제출하라고 하세요.
6. 의사 선생님께서 매일 운동하라고 하세요.
7. 수아 씨가 의자에 같이 앉자고 해요
8. 과장님이 오늘 다 같이 회식하자고 해요.
9. 친구가 볼펜을 빌려달라고 해요.
10. 친구가 자기 이름은 아리라고 해요.
11. 나무꾼이 자기 도끼가 아니라고 해요.
12. 선생님께서 교실에서 떠들지 말라고 하세요.

1-7 그림으로 말하기　　p.118

01 이야기 말하기

① 살았습니다
② 나무를 베어서
③ 빠뜨렸습니다
④ 나타났습니다
⑤ 금도끼
⑥ 은도끼
⑦ 쇠도끼
⑧ 자기 도끼
⑨ 정직함
⑩ 나무꾼

03 이야기 연습하기 1_양치기 소년　　p.119

옛날 시골 마을에 양치기 소년이 살고 있었습니다. 어느 날 언덕에서 양을 보던 양치기 소년은 너무 심심했습니다.
그래서 소년은 장난으로 마을을 향해 "늑대가 나타났어요!"라고 외쳤습니다. 마을 사람들은 깜짝 놀라 언덕으로 달려왔지만, 소년은 "깔깔깔!" 웃으며 거짓말이라고 했습니다.
며칠 뒤 양치기 소년은 다시 마을을 향해 "늑대가 나타났다"라고 외쳤습니다. 하지만 이번에도 거짓말이라는 걸 안 마을 사람들은 화가 났습니다. 그러던 어느날, 진짜 늑대가 나타나서 소년은 "늑대가 나타났어요!"라고 외쳤지만 아무도 오지 않았습니다. 소년은 거짓말한 것을 후회했습니다.

04 이야기 연습하기 2_해와 바람　　p.119

옛날 옛적에 하늘에서 해와 바람이 이야기하고 있었습니다.
해와 바람은 길을 걷고 있는 여행자의 외투를 누가 먼저 벗기나 내기했습니다. 먼저 바람이 "내가 외투를 벗겨 보겠어!"라고 말하며 아주 강하게 바람을 불었습니다.
하지만 여행자는 외투가 날아가지 않게 꼭 붙잡고 벗지 않았습니다. 이번에는 해가 따뜻한 햇볕을 비추기 시작했고, 여행자는 점점 더워져서 땀을 흘렸습니다. 그러자 해는 햇빛을 더 강하게 비추었고, 결국 여행자는 너무 더워 외투를 벗었습니다. 해는 내기에서 이겨서 기분이 좋았고, 바람은 큰소리 친 것이 창피했습니다.

2. 일상의 발견

2-2 어휘 설명하기　　p.123

1. '서두르다'라고 말합니다.
2. '민망하다'라고 말합니다.
3. '쳐다보다'라고 말합니다.
4. '당황하다'라고 말합니다.
5. '참다'라고 말합니다.
6. '잃어버리다'라고 말합니다.
7. '창피하다'라고 말합니다.
8. '가벼워지다'라고 말합니다.
9. '단순하다'라고 말합니다.
10. '실수'라고 말합니다.

2-4 문장 유형으로 말하기　　p.124

1. 오늘이 금요일인 줄 알았어요. / 몰랐어요.
   부자인 줄 알았어요. / 몰랐어요.
2. 친구가 도와준 덕분에 이사를 무사히 끝낼 수 있었습니다.
   가족이 응원해 준 덕분에 힘든 시간을 잘 이겨낼 수 있었습니다.
3. 수영을 시작하기 전에 먼저 준비운동을 해야 합니다.
   요리를 하기 전에 먼저 재료를 손질해야 합니다.
4. 작은 노력도 큰 변화를 만든다는 것을 잊지 마세요.
   포기하지 않는 마음이 가장 중요하다는 것을 잊지 마세요.

2-5 같은 뜻 다른 표현으로 말하기　　p.124

3	→	6	→	8	→	9	→	7	→
10	→	2	→	5	→	1	→	4	

2-6 그림 보고 이야기하기

01 그림 예시　　p.125

① 맑았습니다
② 갔습니다
③ 앉았습니다
④ 그거 제 샌드위치인데요?
⑤ 당황하면서
⑥ 일어서자마자
⑦ 창피했지만

⑧ 편해졌습니다.

03 연습하기_시간 순서 구조　　p.126

일요일 오후였습니다.

나오미 씨는 거실에서 민수 씨와 전화를 하고 있었습니다.

그리고 민수 씨는 나오미 씨를 집들이에 초대했습니다.

나오미 씨는 예전에 한국에서는 집들이 선물로 휴지와 세제를 준다고 인터넷에서 본 기억이 있었습니다. 그래서 휴지와 세제를 선물로 준비하기로 했습니다. 집들이 날, 나오미 씨는 민수 씨의 집을 방문했고, 깜짝 놀랐습니다. 거실에 이미 휴지와 세제가 가득했기 때문입니다. 사람들은 서로의 선물을 보며 웃었고, 민수 씨는 밝게 웃으며 "이제 휴지와 세제 걱정은 안 해도 되겠어요!"라고 말했습니다. 하지만 나오미 씨는 미리 필요한 것을 물어보지 않아서 조금 후회했습니다. 다음에는 꼭 선물을 사기 전에 필요한 것을 먼저 물어봐야겠다고 생각했습니다.

04 감정표현　　p.126

기쁨과 즐거움	(기분이 좋다)	웃음이 난다
감사와 감동	다행이다	진심으로 고맙다
만족과 성취감	뿌듯하다	자랑스럽다
기대감과 편안함	두근거린다	마음이 편하다
슬픔과 아쉬움	서운하다	속상하다
불안과 걱정	두렵다	걱정이 된다
화와 짜증	분노했다	짜증이 난다
민망함과 후회	부끄럽다	후회한다

05 연습하기_원인과 결과 구조　　p.127

사만다 씨는 쓰레기를 분리수거하지 않고 그냥 쓰레기통에 버렸어요. 사만다 씨가 분리수거를 하지 않는 바람에 쓰레기장 근처에 파리도 많아지고 냄새도 심했어요. 결국에는 이웃들이 사만다 씨에게 항의했어요. 그래서 사만다 씨는 분리수거 하는 방법을 잘 몰랐다고 이웃 사람들에게 솔직하게 말했어요. 사만다 씨는 분리수거 하는 방법을 배우기 위해 인터넷으로 자세히 찾아보고 공부했어요. 이번 일을 계기로 사만다 씨는 종이와 비닐봉지를 분리해서 버릴 뿐만 아니라 음식물 쓰레기도 음식물 쓰레기통에 버릴 수 있게 됐어요. 며칠 후에, 이웃 사람들이 사만다 씨에게 잘했다고 칭찬했어요. 사만다 씨는 너무 뿌듯했어요. 쓰레기 분리수거를 하니까 쓰레기장이 깨끗해졌어요.

※ '-습니다'로 바꿔 말해도 됩니다.

07 문장 연결 ①　　p.127

그리고	시원한 바람이 불어서 기분도 좋습니다.
	축구도 좋아합니다.
게다가	비까지 내렸습니다.
	저녁도 아직 못 먹었습니다.
또(또한)	동아리 활동도 열심히 해야 합니다
	또한 친구들과 장난치면 안됩니다.
그런데	지금은 부자가 되었습니다.
	아직 여자 친구가 없습니다.
하지만	생각보다 맛이 없었습니다.
	꾹 참았습니다.
그래도	최선을 다해서 발표했습니다
	숙제를 했습니다.

08 연습하기_원인과 결과 구조　　p.128

얼마 전에 있었던 일이에요.

케빈 씨는 공원에서 산책하다가 높은 나무 위에 있는 고양이를 봤어요. 고양이는 내려오지 못하고 "야옹~"하며 울고 있었어요. 케빈 씨는 고양이를 도와주고 싶어서 나무를 타고 올라가려고 했어요. 그렇지만 나무에서 자꾸만 미끄러져서 올라갈 수 없었어요.

그때 케빈은 가방에 있는 과자가 생각나서 그것을 꺼냈어요. 케빈은 고양이가 과자를 보고 내려올 수 있도록 나무 아래에 과자를 놓았어요. 다행히도 고양이는 간식을 보고 살금살금 내려왔어요. 고양이는 무사히 내려왔고 케빈 씨는 고양이를 꼭 안아 주었어요. 케빈 씨는 고양이를 도와줄 수 있어서 정말 뿌듯했어요.

10 문장 연결 ②　　p.128

그래서	회사에 지각했습니다.
	부모님 집에 가려고 합니다.
그러니까	우산을 챙기셔야 합니다.
	돈 좀 빌려주세요.
따라서	지금부터 일회용품 사용을 줄여야 합니다.
	약속을 어기지 않도록 조심해야 합니다.
예를 들면	딸기, 수박, 참외를 좋아합니다.
	아침과 저녁, 하루에 두 번 운동합니다.
다시 말해	아무것도 시도하지 않으면 얻을 것도 없다는 뜻입니다.
	배운 내용을 확인하고 반복하는 것이 중요하다는 뜻입니다.
특히	장미꽃을 제일 좋아합니다.
	배우들의 연기가 정말 볼 만합니다.

Chapter 6 나를 위한 발표

1. 나를 성장시키는 힘, 경험

1-2 어휘 설명하기   p.135

1. '한옥'이라고 합니다
2. '검색하다'라고 합니다
3. '대여점'이라고 합니다
4. '한복'이라고 합니다
5. '매력'이라고 합니다
6. '유람선'이라고 합니다
7. '야시장'이라고 합니다
8. '등산'이라고 합니다
9. '붐비다'라고 합니다
10. '즐기다'라고 합니다

1-4 문장 길게 말하기   p.136

Step 1
02 [전통적인], [세련된]. [그 춤에서]...
03 [친구들의], [신제품에 대한], [새 앨범에 대한]...
04 [화려한], [재미있는], [특별한], [이색적인]...

Step 2
06 [대여점에서], [친구집에서], [언니에게]...
  [한복 대여점에서], [친한 친구집에서], [옆집 언니에게]...
07 [사람들로], [젊은이들로]...
  [쇼핑을 즐기는 사람들로], [축제를 즐기는 젊은이들로]...

Step 3
09 [이야기와]...
  [서울 여행 이야기와]...
  [S N S 에 서울 여행 이야기와]...

1-5 문장 유형으로 말하기   p.136

1. 이 책의 가장 큰 매력은 쉽게 공감할 수 있다는 것입니다.
   그 배우의 가장 큰 매력은 연기를 자연스럽게 한다는 것입니다.
2. 우리 학교에는 한국 학생뿐만 아니라 외국인 학생도 많습니다.
   이 도시에는 공원뿐만 아니라 박물관도 많습니다.
3. 맛있는 지역 음식을 즐길 수 있는 곳이 바로 전통시장입니다.
   다양한 동물을 가까이에서 볼 수 있는 곳이 바로 동물원입니다.
4. 정직하게 행동하면 분명히 좋은 결과가 올 겁니다.
   포기하지 않으면 분명히 꿈을 이룰 겁니다.

1-6 같은 뜻 다른 표현으로 말하기   p.137

3	→	9	→	7	→	1	→	2	→
5	→	8	→	4	→	10	→	6	

2. 즐기고 감상하기

2-2 어휘 설명하기   p.141

1. '외모'라고 합니다.
2. '귀신'이라고 합니다.
3. '줄거리'라고 합니다.
4. '상상하다'라고 합니다.
5. '검'이라고 합니다.
6. '장군'이라고 합니다.
7. '운명'이라고 합니다.
8. '평범하다'라고 합니다.
9. '억울하다'라고 합니다.
10. '저주'라고 합니다.

2-4 문장 길게 말하기   p.142

Step 1
02 [왕의 오해로], [경찰의 실수로], [친구의 장난으로]
03 [드라마 속], [사진 속], [그림의]
04 [배우들의], [아이돌의], [드라마 주인공의]

Step 2
06 [지은탁이라는], [실비아라는]…
  [운명처럼 지은탁이라는], [독일에서 온 실비아라는]…
07 [매력적인], [아름다운]……
  [도깨비의 매력적인], [부모님의 아름다운]…

Step 3
09 [대사도 많아서]...
  [톡톡튀는 대사도 많아서]...
  [재미있는 장면과 톡톡튀는 대사도 많아서]...

2-5 문장 유형으로 말하기   p.142

1. 저는 여행을 갈 때 계획을 꼼꼼하게 세우는 편입니다.
   저는 스트레스를 받을 때 혼자 있는 편입니다.
2. 감기로 학교에 가지 못했습니다.
   폭우로 행사가 취소되었습니다.
3. 남편과 결혼한 이유는 겉모습이 아니라, 마음이 따뜻하다는 점
   때문입니다.

그 배우가 상을 받은 것은 외모가 아니라, 연기를 잘했다는 점
때문입니다.
4. 그 배우와 드라마 속 인물이 잘 어울립니다.
    커피와 디저트가 잘 어울립니다.

2-6 같은 뜻 다른 표현으로 말하기   p.143

| 3 | → | 6 | → | 8 | → | 2 | → | 4 | → |
| 10 | → | 5 | → | 9 | → | 7 | → | 1 | |

3. 나답게 하는 것

3-2 어휘 설명하기   p.147

1. '목표'라고 합니다.
2. '도전'이라고 합니다.
3. '자막'이라고 합니다.
4. '헷갈리다'라고 합니다.
5. '앵무새'라고 합니다.
6. '정확하다'라고 합니다.
7. '익숙하다'라고 합니다.
8. '궁금증'이라고 합니다.
9. '대사'라고 합니다.
10. '결심하다'라고 합니다.

3-4 문장 길게 말하기   p.148

Step 1
02 [외국인 학생들의], [건강 관련], [한국 문화에 대한]...
03 [한국어를], [요리를], [요가를]...
04 [제가 외운], [어제 공부한], [선생님이 알려주신]...

Step 2
06 [대사를], [말을]...
    [드라마 속 대사를], [엄마가 하는 말을]...
07 [실수하지 않으려고], [말하기 시험을 보려고]...
    [한국어로 말할 때 실수하지 않으려고]...
    [내년에 말하기 시험을 잘 보려고]...

Step 3
0 9 [배우들의]...
    [드라마 속 배우들의]...
    [자막을 안 봐도 되니까 드라마 속 배우들의]...

3-5 문장 유형으로 말하기   p.148

1. 건강을 지키기 위해서 아침 운동을 시작하기로 마음먹었습니다.

시험에서 좋은 점수를 받기 위해서 학원에 다니기로 마음 먹었
습니다.
2. 글을 자주 쓰다 보면 글쓰기 실력이 늘어납니다.
    자주 만나서 이야기하다 보면 친해집니다.
3. 비가 멈출 때까지 기다렸었습니다.
    버스가 도착할 때까지 정류장에 혼자 서 있었었습니다.
4. 미리 준비해야 합니다. 그래야 실수하지 않을 수 있습니다.
    상대방을 배려해야 합니다. 그래야 좋은 관계를 만들 수있습
니다.

3-6 같은 뜻 다른 표현으로 말하기   p.149

| 5 | → | 10 | → | 6 | → | 8 | → | 9 | → |
| 7 | → | 4 | → | 2 | → | 3 | → | 1 | |